Nur ein paar Stündchen

Nix wie raus, ganz schnell ins Grüne. Auch mit wenig Zeit lässt sich Großartiges erleben. Kleine und große Abenteuer warten direkt vor der Haustür.

4H

Raus für einen Tag

Man muss nicht das Land verlassen, um neue Welten zu entdecken. Einfach mal einen Tag lang raus aus dem Alltagsallerlei und rein in die Natur.

12H

Ferien für ein Wochenende

Warum auf die große Auszeit warten, wenn man einen Wochenendtrip in der Nähe machen kann? Vergnügen, Abenteuer und Wohlgefühl kompakt und intensiv.

36H

LIEBE LESERIN, LIEBER LESER,

der Zauber des Bodensees, es gibt ihn. Bei Sonne und Nebel, am Wasser und auf dem Berg. Einfach mal raus aus der Komfortzone und draußen unterwegs sein. Die Ruhe suchen abseits der Massen. Und magische Momente erleben.

Ganz egal, ob allein, zu zweit oder mit Freunden. Ob nach Feierabend oder am Wochenende. Rund um den Bodensee findet jeder sein Lieblingsabenteuer. Oder zwei. Oder drei ...

Keine Zeit oder zu wenig Geld? Von wegen! Für diese kleinen Auszeiten vom Alltag gibt es keine Ausreden. Das Leben ist viel zu kurz, um zu warten. Einfach raus – und machen!

Viele wunderbare Eskapaden wünscht Ihnen, dir und euch

Yvonne Weik

PS: Informationen zum GPX-Download gibt's auf Seite 224.

AUSZEIT.
ABENTEUER.
LEBENSFREUDE.

1. KAPITEL ABSTECHER

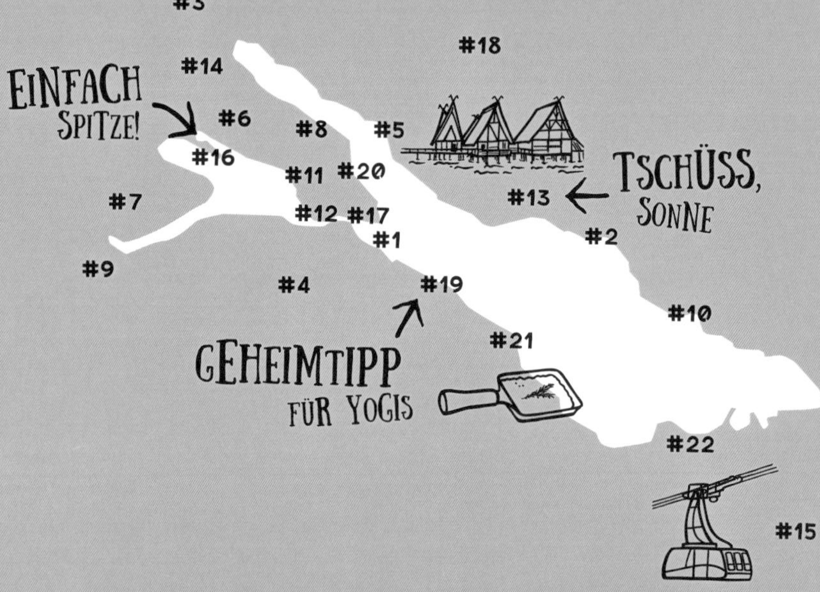

Nur ein paar Stündchen

Mit dem Klapprad um die Insel, barfuß ins Labyrinth und von der Karrenkante das Lichtermeer sehen – die kleine Auszeit liegt gleich um die Ecke.

4H

KONSTANZ

NIX FÜR WARM-DUSCHER

Morgens kalt duschen? Von wegen! Wer den Bodensee hat, braucht nur Badesachen, Handtuch und etwas Zeit – für ein Sonnenaufgangsbad. Und zwar mitten in Konstanz. Tagsüber tummeln sich hier Touristen. Doch wer früh kommt, hat den See und die schöne Imperia ganz für sich allein.

#halloSonne #Seeliebe #nixwierein #Morgenstund

Es ist früh. Ziemlich früh. Kurz nach 5 Uhr morgens. Konstanz schläft noch. Doch wer erst mal raus ist aus den Federn, hat die größte Hürde schon genommen. Mit dem Rad oder zu Fuß geht's auf direktem Weg Richtung Imperia. Rüber über die Brücke und weiter zur Hafenpromenade. Tagsüber sind hier immer viele Menschen unterwegs. Es wuselt und wuselt. Doch jetzt in der Dämmerung? Stille!

Auch der See liegt ruhig. Keine Welle. Nur Grau. Das Wasser, der Horizont. Davor steht sie, unübersehbar: Die Schöne, Imperia. Allein. Das gibt's nicht oft, so ein einsames Treffen mit der berühmtesten Frau Konstanz'.

Erst mal ankommen. Durchatmen. Genießen. Und dann: abwarten. Am besten auf einer Parkbank. Um diese Zeit sind hier alle Sitzplätze noch frei. Dabei ist das hier ganz großes Naturkino. Es wird heller. Das Grau verschwindet. Der Tag erwacht – und das Leben.

Die ersten Enten schwimmen über den See. Ein Boot fährt hinaus. Hinter den Bäumen färbt sich der Horizont. Gold. Orange. Rot. Immer stärker werden die Farben. Die Leuchtkugel schiebt sich langsam nach oben. Und da ist sie: Hallo, Sonne! Ein magischer Moment.

Jetzt rein ins Wasser – am besten an einer der Badestellen an der Seestraße. Also schnell rüber, sonst wird es nichts mehr mit dem Sonnenaufgangsbad. Der große Zeh tastet sich langsam vor: ganz schön kühl! Aber Kneifen gilt nicht. Los geht's! Es ist kalt. Ziemlich kalt. Doch sobald der Kälteschock überwunden ist, ist es einfach nur wunderbar. Ein paar Züge

Was für ein magischer Moment: Sonnenaufgang über dem Bodensee, und das Ganze als Solotrip. So frühmorgens ist in Konstanz noch niemand unterwegs. Sogar die Imperia ist ganz allein.

durchs Wasser. Körper und Geist sind jetzt hellwach. So ein Bad bei Sonnenaufgang gibt einen echten Energiekick. Viel besser als jeder Morgenkaffee. Der Tag kann kommen!

FAZIT: DAS IST NIX FÜR WARMDUSCHER! UND SCHON GAR NICHTS FÜR LANGSCHLÄFER. RAUS AUS DEM BETT UND REIN INS WASSER – WAS FÜR EIN START IN DEN TAG

Hin & weg: Am besten zu Fuß oder mit dem Fahrrad zur Hafenpromenade mit dem besten Blick, die beste Badestelle liegt an der Seestraße.

Beste Zeit: Kurz vor Sonnenaufgang.

Dauer: Bis die Zehen kalt werden.

Ausrüstung: Badesachen und Handtuch.

WILD COOKING

… an der Malerecke in Langenargen

#2

Ein wilder Strand für ein wildes Essen: Die Malerecke in Langenargen ist die perfekte Outdoorküche. Mit Blick auf die Bodenseewellen und den Säntis schnippelt sich das Gemüse hier fast von allein. Und während das Bodensee-Curry vor sich hinköchelt, träumt man vom nächsten Abenteuer …

#Curryfüralle #DIY #draußenkochen

Schnippeln mit Aussicht: erst die Zwiebel von der Höri, dann die frische Paprika. Draußenkochen ist einfach Kochen de luxe!

Pfffffffff! Das Wasser kocht. Rein in den Topf, Couscous dazu, Deckel drauf, fertig. Draußen zu kochen ist so einfach. Und man braucht gar nicht viel: Gaskocher, Pfanne, frisches Gemüse und ein paar weitere Zutaten. Schon kann es losgehen.

Vorbei sind die Zeiten, als höchstens Ravioli aus der Dose im Campingtopf landeten. Das Motto heute: Bodensee trifft Indischen Ozean! Die Zutaten: frisch und regional, gewürzt mit einer Prise Fernweh. Während der Couscous vor sich hin zieht, wird erst mal ordentlich geschnippelt. Und zwar das Gemüse von der Reichenau.

Im Schneidersitz Gemüse schneiden? Das Brett auf dem Treibholz? Warum denn nicht! Ein bisschen Freestyle gehört zum Draußenkochen einfach dazu. Zu Hause in der eigenen Küche kann ja jeder!

Hier ist alles so herrlich unkompliziert. Frische Luft, Sonne, glitzernde Wellen. Hinter dem Bodensee die Alpenkette, der Säntis. Die Malerecke ist ein Traumstrand mit einem Traumblick. Da vergisst man ja fast das Öl in der heißen Pfanne. Jetzt aber nichts wie rein mit der Höri-Bulle, der typischen Bodensee-Zwiebel. Erst brutzeln die, dann die Gewürze. Und jetzt riecht es ein bisschen nach Indien, hier am wilden Bodenseestrand.

Als Nächstes ist das Reichenau-Gemüse dran. Während es in der Kokosmilch schwimmt, schaut man einfach den Segelbooten im Wind zu. Zählt die Wolken am Himmel. Wirft Steine ins Wasser. Und wartet. Ganz entspannt. So lange, bis das Bodensee-Curry fertig ist. Dann zählt nur noch eines: das Essen genießen – und das Leben!

Rezept: Bodensee-Curry

Zutaten:
1 Höri-Zwiebel
Petersilie nach Belieben
2 Paprika
2 Tomaten
3 Karotten
1 Dose Kokosmilch
Tomatenmark
Salz, Pfeffer, Kurkuma, Kreuzkümmel, Koriander, Chili
Olivenöl
Couscous

Da ist ja ordentlich Dampf drin: Das Bodensee-Curry brutzelt allein vor sich hin. Bei dem Blick kann man einfach entspannt abwarten – und Tee trinken.

Und so geht's:
Wasser kochen, Couscous rein, Deckel drauf, zehn Minuten stehen lassen. Währenddessen Gemüse klein schnippeln. Zwiebeln im Öl anbraten. Gewürze dazu. Tomatenmark unterrühren. Karotten und Paprika kurz mitbraten. Tomaten rein. Alles mit der Kokosmilch ablöschen. Gar kochen. Anrichten, frische Petersilie drauf – genießen!

Hin & weg: Am besten zu Fuß oder mit dem Rad, die Malerecke liegt am Ortsrand von Langenargen.

Beste Zeit: Wer gerne in Ruhe kocht, kommt an einem sonnigen Frühlings- oder Herbsttag. Im Sommer baden hier viele.

Dauer: Bis das Gemüse gar ist.

Ausrüstung: Gaskocher, Pfanne und die Zutaten fürs Curry.

FAZIT: DIESES BODENSEE-CURRY IST WAS FÜR OUTDOOR-GOURMETS.

DUNKLE GEHEIMNISSE

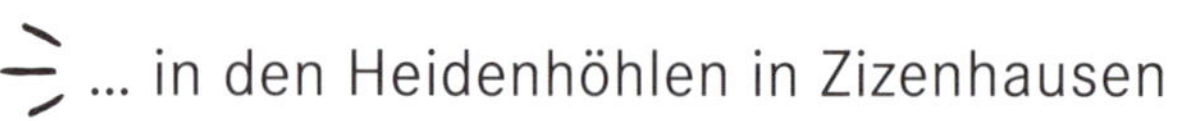

... in den Heidenhöhlen in Zizenhausen

#3

Früher waren sie bewohnt, die Heidenhöhlen bei Zizenhausen. Nur von wem? Wer hat sie in den weichen Sandstein gegraben? Und warum? Das ist bis heute ein Geheimnis. Perfekt für eine Expedition: Taschenlampe an – und rein ins dunkle Abenteuer.

#Höhlenexpedition #steileSandsteinwände #Lichtan

Steile Wände: Die Sandsteinhöhlen ragen hoch hinauf, neben dem Pfad geht es tief hinab.

Zizenhausen. Ein kleiner Stadtteil nördlich von Stockach. 1300 Einwohner, ein Schloss, eine Grundschule. Nicht wirklich bekannt oder gar berühmt. Wenn da nicht hoch oben im Wald diese geheimnisvollen Höhlen wären …

»Heidenlöcher«, so sagt man in Zizenhausen. Viele Sagen und Theorien werden über sie erzählt. Die ersten Höhlen entstanden wohl vor langer Zeit, vielleicht schon im 8. oder 9. Jahrhundert nach Christus. Künstlich, gegraben in den weichen Sandstein, dann immer weiter ausgebaut. Nur von wem? Schon immer lockte dieses Geheimnis Besucher nach Zizenhausen. Also Wanderschuhe schnüren, Taschenlampe in den Rucksack packen und auf zur Höhlenexpedition.

Der Rundweg startet am Schloss, in dem heute das Rathaus von Zizenhausen zu finden ist. Schon nach wenigen Minuten geht es in den Wald. Immer tiefer hinein. Und immer höher hinauf. Der Pfad wird steil, schmal – wie es sich gehört. Man streift vorbei an Bäumen und Felsen. Und plötzlich, direkt vor einem: die Heidenhöhlen.

Was für ein Abenteuer: Hier geht es nicht nur an den Höhlen vorbei, sondern auch mittenrein. Und am Ende, da rieselt der Sandstein durch die Hände.

Faszinierend, wie hoch die Steilwände hier in den Himmel ragen. Vor lauter Schauen und Staunen jetzt bloß nicht stolpern, rechts geht es ziemlich steil den Wald hinab. Zum Glück haben die Wanderschuhe ein gutes Profil. Und das drückt tiefe Spuren in den hellen Sand. Wie weich der ist, vor allem wenn er langsam durch die Hände rieselt. Reste von Molasse-Sandsteinen, erklären Tafeln am Wegesrand. Ein typisches Sedimentgestein am Bodensee: Ablagerungen aus längst vergangenen Zeiten, als die Region von einem Urmeer überflutet war und sich hier der Meeresboden befand. Als das Wasser schon lange weg war, wurden in diesen weichen Stein Höhlen und Gänge gegraben.

Einen der schmalen Gänge kann man durchwandern. Ziemlich dunkel ist es hier, also erst mal Taschenlampe an und rein. Ganz schön eng, aber das Licht am anderen Ende ist schon nach wenigen Metern zu sehen. Wer will, biegt davor noch in den dunklen Keller-

raum ab. Römermünzen wurden hier schon gefunden, Haifischzähne auch.

Fluchtburg, Wohnung oder Speicherort: Was die Heidenhöhlen waren und wer dort lebte, weiß niemand genau. Auch wenn man Geschichten von angeblichen Bewohnern hört, die hier in bitterer Armut gehaust haben sollen. Im Lauf der Jahrhunderte haben viele Besucher ihre Namen ins Gestein gekratzt. Viele Namen sind im Laufe der Jahre wieder verschwunden. So wie die unbekannten Höhlensiedler. Die heutigen Bewohner sind gut bekannt. Sie lieben die dunklen Höhlen und suchen hier jedes Jahr Unterschlupf für ihren Winterschlaf. Besuchen kann man sie nicht, die Gänge sind im Winter gesperrt. Die Fledermäuse mögen keine Höhlenforscher. Schon gar nicht mit hellen Taschenlampen.

FAZIT: EIN KLEINES ABENTEUER FÜR GROßE HÖHLENFANS. UND WER SICH NICHT INS DUNKLE TRAUEN SOLLTE: AUCH VON AUßEN SIND DIE STEILEN SANDSTEINWÄNDE ZIEMLICH FASZINIEREND.

Hin & weg: Mit Bus oder Auto zum Rathaus nach Stockach-Zizenhausen (Schlossplatz 1), dort startet der Rundweg.

Beste Zeit: April bis Oktober, im Winter sind die Höhlen wegen schlafender Fledermäuse gesperrt.

Dauer & Strecke: 2 Std., Rundweg 3,5 km.

Ausrüstung: Feste Schuhe, denn die Pfade sind sehr schmal und das Gelände steil (keine Kinderwagen). Taschenlampe für die Höhle nicht vergessen.

→ ABSTECHER …

DES KAISERS NEUE AUSSICHT

Aussichtstürme gibt's am Bodensee viele. Doch der Napoleonturm ist nicht nur ganz schön hoch, sondern hat auch eine schöne Geschichte. Der französische Kaiser höchstpersönlich soll hier oben vor 150 Jahren schon mal einen Turm gebaut haben – der neue ist mindestens genauso kaiserlich.

#Kaiserturm #hochhinaus #Panoramablick

Ein kaiserlicher Turm mit göttlicher Aussicht. Von oben blickt man über die Wiesen und Felder des Thurgaus. Und am Horizont thront majestätisch der Säntis.

Im Thurgau ist man sich sicher: Der Kaiser war's. Und zwar Napoleon III. Hier oben im Wald bei Wäldi soll er 1829 einen Turm erbaut haben. Und was für einen! 21 Meter hoch, aus Holz, mit drei Plattformen, einer Tanzfläche, einem kleinen Restaurant und einem Fernglas. Ein echtes Lustgebäude, erzählt man sich. Bei schönem Wetter führten Louis Napoléon und seine Mutter Königin Hortense ihre Gäste hierher – hinauf aufs »Belvédère zu Hohenrain«.

26 Jahre lang war der Turm der höchste Punkt des Thurgaus. Dann wurde er abgerissen – sein Holz war verwittert und verfault. Mehr als 150 Jahre später wollen es die Thurgauer noch einmal wissen: 2017 eröffnen sie ihren neuen Napoleonturm, wieder aus Holz und fast genau an derselben Stelle. Das Ergebnis ist kaiserlich. Und der Blick von oben erst!

208 Stufen führen hinauf. Keine Angst, auch wer nicht ganz schwindelfrei ist, kann sich hinaufwagen, die Stufen sind geschlossen. Auf der Plattform, 36 Meter über dem Bo-

---

Hin & weg: Am besten zu Fuß (Bushaltestelle Wäldi-Dorfplatz) oder mit dem Velo. Parken nur auf dem Parkplatz am Ortsrand.

Beste Zeit: Abends besonders schön. Öffnungszeiten unter www.napoleonturm-hohenrain.ch

Dauer: So lange, bis der Turm schließt.

Ausrüstung: Fernglas und Kamera, eventuell Picknick. Wer am Wochenende kommt, kann danach einkehren in der Besenwirtschaft neben dem Turm.

208 Holzstufen führen auf den Napoleonturm. Doch die Anstrengung lohnt sich definitiv. Wer oben angekommen ist, bereut es nicht.

den, blickt man dann über die Wipfel ins weite Land. Was für ein Panorama! Und zwar rundum. Wohin nur zuerst schauen? Auf der einen Seite der grüne Wald und der blaue Bodensee. Konstanz, Lindau, Bregenz. Birnau, die Mettnauhalbinsel, die Reichenau. Dahinter die Vulkanhügel des Hegaus. Und auf der anderen Seite, hinter den Feldern und Hügeln des Thurgaus, die Berge. Mittendrin im Alpsteingebirge thront majestätisch der Säntis. Wer Glück hat, sieht dahinter bis ins Berner Oberland zu Eiger, Mönch und Jungfrau.

Bei so viel Bergspitzen kann man schon mal den Überblick verlieren. Wer Hilfe beim Gipfelraten braucht: Die Hinweistafeln in der Turmbrüstung helfen weiter. Alle haben einen QR-Code, dahinter verbergen sich Bilder und Informationen. Also Handy raus, einscannen – und sich informieren. Wer danach noch ein Selfie hochladen will: Auf dem Turm gibt's WLAN.

Viel schöner ist aber, einfach mal offline zu sein. Den Blick weit in die Welt statt aufs Handy. Schauen. Staunen. Genießen. Und dabei die Zeit vergessen. Ach halt, nein, um 18 Uhr wird unten die Tür verschlossen. Wobei ... So ein einsamer Sonnenaufgang auf dem Napoleonturm?

Eine Frage ist noch offen: Was machte eigentlich der Kaiser von Frankreich am Bodensee? Ganz einfach: Lange bevor er Kaiser wurde, wuchs Prinz Louis Napoléon im Schloss Arenenberg auf. Vom Turm in Wäldi liebte er den Blick über das Land und den Bodensee. Wer einmal oben war, versteht, warum.

FAZIT: DIESER TURM VERDIENT DEN KAISERTITEL! UNBEDINGT HOCHSTEIGEN UND DEN PANORAMABLICK ÜBER SEE UND BERGE GENIEßEN.

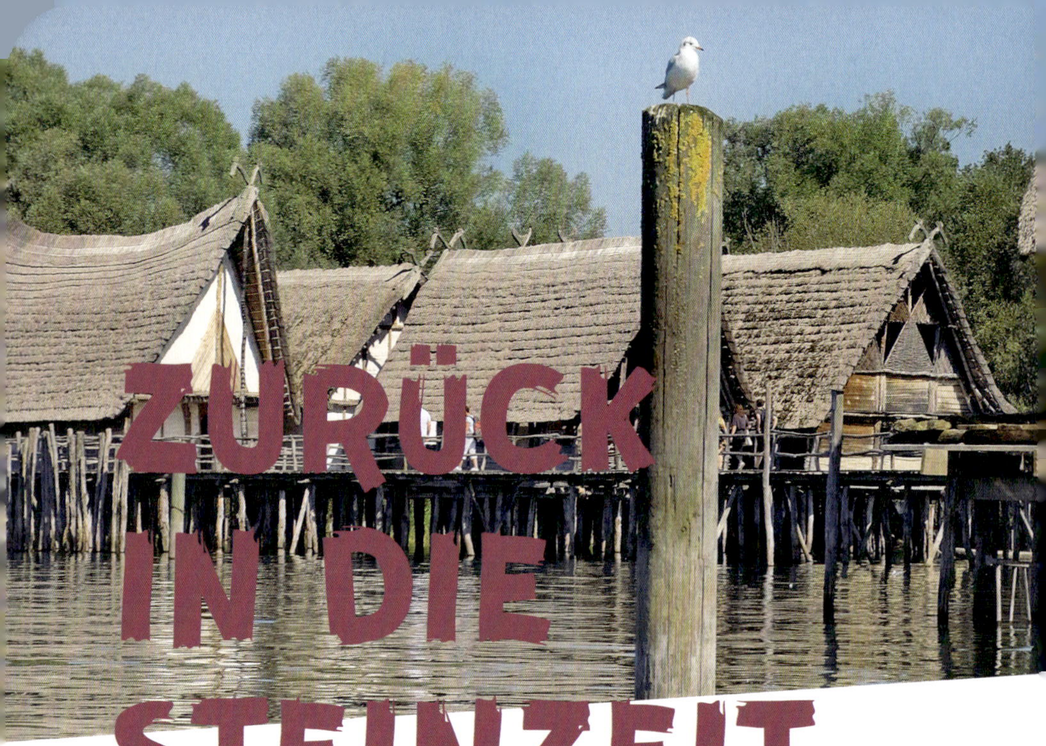

ZURÜCK IN DIE STEINZEIT

... bei den Pfahlbauten in Unteruhldingen

#5

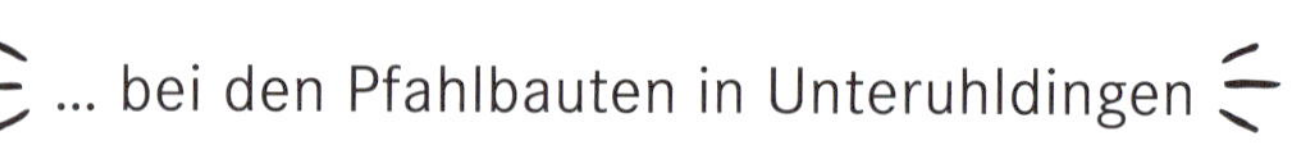

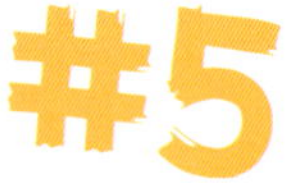

Die Pfahlbauten kennt wohl jeder. Aber wer hat die berühmtesten Häuser des Bodensees schon mal vom Wasser aus erlebt? Egal, wie viel Trubel in Unteruhldingen auch ist: Im Tretboot hat man seine Ruhe – und einen ganz besonderen Blick auf die Steinzeithäuser.

#versunkeneWelt #Tretbootkäptn #Zeitreise

Nimm mich mit, Kapitän: So eine Tretboottour zu den Pfahlbauten ist die allerschönste Zeitreise.

Die Reise in die Steinzeit beginnt im Jachthafen von Unteruhldingen. Dort liegt die Tretbootflotte vor Anker. Anheuern, Schuhe aus und ablegen – so einfach ist das. Und dann erst mal raus aus dem Hafen. Das Tretboot schwimmt leicht und locker über die blauen Wellen. Der Bodensee glitzert in der Sonne.

Tuuuuuuuut! Was kommt denn da? Die MS »Zürich«! Ach herrjeh … Der Puls geht plötzlich nach oben. Der Pott da vorne ist ganz schön riesig, wenn man selbst in einem kleinen Tretboot sitzt. Also volle Pedalkraft voraus – und nichts wie weg aus der Fahrrinne des Ausflugsschiffs. Das will hier nämlich anlegen und hat eindeutig Vorfahrt.

Sobald der Überlinger See wieder frei ist, geht die Tretboottour weiter Richtung Steinzeit. Einmal steuerbord um Anlegesteg und Insel, schon ist das Ziel in Sicht. Da vorne stehen sie, auf Stelzen mitten im See. Reetdach an Reetdach. Pfahlhaus an Pfahlhaus. Wie die Menschen dort wohl vor 6000 Jahren lebten?

Das zeigen die 23 Pfahlhäuser des Freilichtmuseums, alle sind rekonstruiert, und zwar aus verschiedenen Epochen der Steinzeit. Die

Gute Beinarbeit: Erst wird ordentlich in die Pedale getreten, dann ins Wasser.

Pfahlbauten von Unteruhldingen sind eines der Topausflugsziele am Bodensee. 300 000 Besucher kommen jedes Jahr. Kann man zwischen all den Menschen seine Ruhe haben? Na klar, im Tretboot!

Während sich oben auf den Stegen die Menschen drängeln, ist hier unten auf dem See freie Bahn – und freie Sicht. Also noch ein bisschen näher ran an die berühmten Steinzeithäuser. Die spiegeln sich herrlich im blauen Wasser.

Die Steinzeitwelt ist längst versunken, die Stelzenhäuser sind schon vor Tausenden von Jahren einfach zusammengestürzt. Übrig geblieben sind nur Reste, tief im Boden, konserviert vom Wasser des Bodensees. Hier in Unteruhldingen entdeckten Forscher 1864 mehr als 100 000 Holzpfähle – und damit bis heute eine der größten Siedlungen am Bodensee.

Im Jahr 2011 hat die UNESCO 111 Fundstellen mit Überresten prähistorischer Pfahlbausiedlungen zum Weltkulturerbe erklärt. Neun davon liegen am Bodensee. Insgesamt sind rund um den See etwa 100 Standorte mit mehr als 400 Siedlungen bekannt.

An den Pfählen ist Schluss mit der Zeitreise. Näher ran darf man nicht. Macht aber nichts. Von hier aus hat man die Steinzeit bestens im Blick. Samt Möwen und Kormoranen, die es sich auf den Pfählen gerne bequem machen. Und auf dem Rückweg kommt dann noch ein Highlight: der Blick auf Birnau und die Mainau. Dorthin geht's dann beim nächsten Mal – aber besser mit dem Elektroboot.

Rechts vor links – und umgekehrt: Ausflugsschiffe haben hier immer Vorfahrt.

FAZIT: RUHIGER GEHT NICHT! WER DIE PFAHLBAUTEN FÜR SICH ALLEIN HABEN WILL, STEIGT EINFACH INS TRETBOOT.

Hin & weg: Mit dem Zug bis Uhldingen-Mühlhofen, vom Bahnhof in 25 Min. zu Fuß zum Bootsverleih Weber im Jachthafen (Seefelder Straße). Von dort im Tretboot in 15 Min. zu den Pfahlbauten.

Beste Zeit: Mai bis Oktober (am besten außerhalb der Ferien).

Dauer: So lange die Beine mitmachen.

Ausrüstung: Tretboot und Schwimmwesten gibt es beim Bootsverleih Weber (www.bootscharter-weber.de).

ALLEIN, ALLEIN …

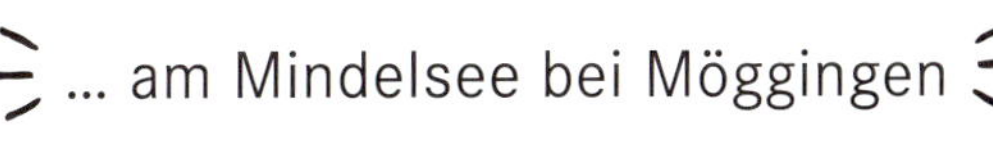

Mindel-was? Mindelsee! Mitten in einem wilden Naturschutzgebiet liegt die wohl einsamste Badestelle rund um den Bodensee. Ein echter Geheimtipp, zumindest für ein Bad am frühen Morgen. Raus aus den Klamotten, rauf auf den Steg und rein ins türkisblaue Wasser.

#wennichdenSeeseh #Frühschwimmer #stattDusche

Das Glück der Frühschwimmer: Still und starr ruht der See kurz nach Sonnenaufgang. Nichts wie rein, bevor der Zauber vorbei ist.

Früh am Morgen ist die Welt hier noch ziemlich verschlafen. Dunst liegt über dem Schilf. Die ersten Vögel zwitschern durch die Luft. Ansonsten: Ruhe. Keine Stimmen und keine Autos. Der Weg durch den Wald ist schmal und etwas sumpfig. Zur Badestelle am Mindelsee geht's nur zu Fuß oder mit dem Rad.

Durch die Bäume sieht man ihn schon. Türkisblau liegt er da an diesem warmen Sommermorgen. Viele kennen ihn gar nicht. Dabei gibt es den Mindelsee schon seit Tausenden von Jahren. Die Eiszeit hat die hügelige Landschaft geformt, hier auf dem Bodanrück zwischen Untersee und Überlinger See – und sie formte auch den Mindelsee. Ein Gletscher bildete zuerst eine Mulde, die das Schmelzwasser vor rund 15 000 Jahren schließlich füllte. Rund zehn Kilometer war der Mindelsee ursprünglich lang, zwei Kilometer sind heute noch geblieben. Der Grund? Die Landwirte hatten seit dem Mittelalter den Wasserspiegel immer wieder abgesenkt, um Land für ihre Äcker zu gewinnen und den begehrten Torf zu stechen. So verlor das Gelände nach und nach Feuchtigkeit, und große Teile des Rieds um den Moränensee wurden trockengelegt.

Seit 1939 umgibt den See ein Naturschutzgebiet – und das ist inzwischen ein Paradies für Pflanzen und Tiere. In kaum einem Schutzgebiet des Landes gibt es mehr Libel-

Der Weg hin und zurück ist zum Glück ebenso zauberhaft wie das einsame Morgenbad. Am besten radelt man durch die Landschaft bis zum See. Ein bisschen Frühsport schadet ja nie ...

len-, Käfer- und Schmetterlingsarten, nirgends am Bodensee mehr Brutvogelarten als hier. 2007 wurden in den Feuchtwiesen mehr als 100 000 blühende Orchideen gezählt.

Mit ein bisschen Glück kann man die Libellen, Käfer und Schmetterlinge beim morgendlichen Ausflug an den See beobachten. Besser nicht viel Zeit verlieren, denn es lohnt sich, als Erster am Steg zu sein. Die letzten Schritte durch den Wald, ein kurzer, banger Blick rüber zur Badestelle. Tatsächlich, noch keiner da. Allein!

Jetzt schnell raus aus den Klamotten und rauf auf den Steg. Rein ins Wasser. Der erste Moment: boah, kühl. Dann die ersten zwei, drei Züge. Der See glatt vor einem, das Wasser weich um einen. Einfach nur schwimmen. Mit dem Fischschwarm. Immer geradeaus. Und dann: abtauchen!

Wer danach noch Lust hat auf eine weitere Einheit Morgensport an der frischen Luft: Der Mindelseerundweg führt in knapp acht Kilometern und zwei Stunden einmal rund um den herrlichen See.

FAZIT: KATEGORIE GEHEIMTIPP – UND WAS FÜR EINER. WER HIER EINMAL FRÜHMORGENS ALLEIN SCHWIMMEN WAR, KOMMT GARANTIERT WIEDER.

Hin & weg: Mit dem Zug (SBB) bis Markelfingen, Stadtbuslinie 6 bis Möggingen-Rathaus. Von dort in 20 Min. zu Fuß auf dem Seerundweg.

Beste Zeit: Ganz früh am Morgen.

Dauer: Bis die Einheimischen zum Morgenbad kommen.

Ausrüstung: Wanderschuhe und Badesachen.

WILDE WEGE

… in der Klingenbachschlucht bei Öhningen

Fans der Marienschlucht warten seit Jahren darauf, dass sie nach einem Erdrutsch wieder freigegeben wird. Wie wär's stattdessen mit der Klingenbachschlucht auf der Höri? Wilde Wege führen über Brücken, Pfade und Stege. Perfekt für ein kleines Schluchtingabenteuer.

#IntotheWild #Schluchtenspaß #WaldundWasser

→ ABSTECHER …

Erst durchs Schilf, dann durch den Wald. Und vor allem immer dem Klingenbach nach.

Ein gelber Pfeil nach links: Klingenbachschlucht. So startet das Schluchtingabenteuer auf der Höri bei Öhningen. Mit einem schmalen Waldpfad, dichten Bäumen und dem gurgelnden Klingenbach. Ab jetzt ist der Weg nicht mehr zu verfehlen. Immer dem Bach entlang!

Richtig, den Bach entlang – nicht mitten durch ihn hindurch. Auch wenn »Schluchting« eigentlich bedeutet, eine Schlucht im Bachbett zu durchwandern. Das muss hier bei Öhningen aber gar nicht sein. Der Pfad durch die Klingenbachschlucht macht so viel Spaß, da können die Füße ruhig trocken bleiben.

Die erste Aufgabe wartet schon mitten auf dem Waldpfad: Ein umgestürzter Baum versperrt den Weg. Drüberklettern oder drunter durch? Auf jeden Fall ganz nah an der Natur – mit allen Sinnen! Es duftet nach Bärlauch. Libellen fliegen durch die Luft. Eine Maus huscht über den Pfad. Mehr Besucher sind heute nicht zu sehen.

Immer tiefer taucht man ein. Immer weiter weg ist der Alltag. Es geht über Brücken, Holzstege und Stufen. Und auch mal mittendurch in den Matsch. Gehört eben dazu, zum Schluchting. Zwischen die dichten Bäume kommt nur selten die Sonne. Hier ist es im-

Über Stamm und Stein: Schluchting ist was für echte Abenteurer. Und dabei immer schön konzentrieren, damit das Abenteuer nicht plötzlich mitten im Wasser endet.

mer feucht, auch wenn es lange nicht geregnet hat. Perfekt für einen heißen Sommertag, denn dann wirkt die Schlucht wie eine natürliche Klimaanlage. Und wenn man sich trotzdem die Füße heiß gelaufen hat? Raus aus den warmen Wanderschuhen, rein ins Wasser und erst mal ordentlich abkühlen.

Nach etwa 30 Minuten kommt man zum »Begerwegle«. Hier liegt die Grillstelle, und zwar

mitten im Wald, direkt neben dem Klingenbach. Wer Lust hat, packt sein Vesper aus und genießt die Waldruhe und den glucksenden Bach. Noch mehr Spaß macht es, richtig anzufeuern. Holz liegt auf der Beige bereit.

Nach der Pause muss man sich entscheiden: Der offizielle Wanderweg führt nach rechts – echte Abenteurer biegen aber nach links ab und streifen auf dem engen Pfad weiter durch die Schlucht immer entlang des Klingenbachs. Nach gut zehn Minuten ist dann der Pfad wirklich zu Ende. Das Abenteuer noch lange nicht: An einem Seitenarm des Klingenbachs geht's zurück in die Schlucht und auf bekanntem Weg nach Öhningen. Dort unbedingt durch das Dörfchen spazieren. Die Bauernhäuser sind herrlich, das Bauernhofeis im Mühlenweg 7 beim Kaffeestüble Kaiser auch.

FAZIT: KLEINE SCHLUCHT, GROẞES ABENTEUER. WER GERN ALLEIN AUF WILDEN WEGEN UNTERWEGS IST, SOLLTE DIE KLINGENBACHSCHLUCHT NICHT VERPASSEN.

Hin & weg: Mit dem Bus 7368 bis Öhningen (Haltestelle Endorf/Höristraße oder Linde), Einstieg in die Schlucht am Ortsausgang (gut ausgeschildert, gelbe Raute).

Beste Zeit: Im Sommer, dann ist es in der Schlucht schön kühl; bei Regen sind die Waldwege schnell rutschig.

Dauer & Strecke: 2 Std., 5 km Rundwanderung (Abstecher über das Kattenhorner Bühl nach Wangen möglich).

Ausrüstung: Wanderschuhe und Vesper; wer mag, brutzelt sich was an der Grillstelle in der Schlucht (Holz ist vorhanden).

Paddeln am Abgrund

… SUP-Tour zum Teufelstisch bei Wallhausen

Den Teufel trifft man auf dem Wasser. Direkt beim großen Seezeichen Nr. 22. Dort liegt der wohl magischste Ort im Bodensee: der Teufelstisch. Mit dem SUP paddelt man hin – und direkt über die faszinierende Abbruchkante.

#Teufelstour #Paddelabenteuer #Kraftort #wohoooo!

Hier trifft man den Teufel: Beim Seezeichen Nr. 22 liegt der Teufelstisch. Unter Wasser. Doch mit dem SUP paddelt man direkt über die Abbruchkante.

Wie eine Nadel steht er im Bodensee – komplett unter Wasser. Oben eine Platte mit 15 Meter Durchmesser, darunter eine Steilwand, bis zu 90 Meter tief. Es ist ein Ort, der anzieht. Mystisch. Magisch. Faszinierend. So beschreiben ihn die Besucher, die schon mal dort waren.

Im schönen Strandbad Wallhausen, einem Ortsteil von Konstanz, beginnt die Tour. Hier kann man auf dem Rasen sein SUP-Board aufpumpen oder sich ganz bequem eines leihen (natürlich samt Rettungsweste und Paddel, wer braucht, auch mit kurzer Einführung). Danach geht's erst mal rauf aufs Brett, die

Verpflegung für den Teufelsritt: Im gelben Wassersack ist Platz für Essen, Getränke und Sonnencreme. Damit einem unterwegs nicht die Luft ausgeht ...

Balance finden. Und dann immer volle Kraft voraus. Der Teufel wartet schon.

Anfänger starten am besten in Ufernähe, alle anderen paddeln raus auf den Überlinger See. An einem schönen Sommermorgen liegt dieser herrlich glatt vor einem. Das macht das Paddeln leicht. Schnell geht es vorwärts, dahin, wo die Natur immer grüner wird.

Der Bodanrück am linken Ufer, herrlich wild. Keine Häuser, keine Straßen. Nur Wald und Kiesstrand. Am liebsten würde man jetzt eine kurze Pause in einer einsamen Bucht machen. Doch der Teufel zieht magisch an. Weiter paddeln, immer weiter. Wer sich unterwegs mal kurz ausruhen möchte: einfach aufs Bord knien und entspannt weiterpaddeln.

Nach einer guten halben Stunde taucht es auf, das Schild mit der Nr. 22, ganz nah am Ufer. Und dort im Flachen soll er sein, der legendäre Abgrund?

Hin & weg: Zum Teufelstisch geht's nur auf dem Wasser. Start ist im Strandbad Wallhausen, dorthin geht's vom Konstanzer Bahnhof direkt mit dem Bus 4/13 (Haltestelle Wallhausen-Hafen).

Beste Zeit: Frühmorgens, dann ist das Licht besonders magisch. Immer das Wetter im Blick haben, bei starkem Wind kann die Tour zum Teufelsritt werden.

Dauer & Strecke: 1 - 1,5 Std. reine Paddelzeit, 3 km hin und zurück.

Ausrüstung: SUP, Paddel und Schwimmweste gibt's beim LaCanoa-Verleih im Strandbad Wallhausen (www.kanuverleih-wallhausen.de). Getränke und Vesper mitnehmen!

Dann kommt dieser magische Moment. Das Bord gleitet über die Felskante. Im klaren Wasser ist es genau zu erkennen: Hier geht es senkrecht nach unten, und zwar verdammt tief. Plötzlich scheint man die Kräfte dieses besonderen Ortes zu spüren. Die Geschichten von Tauchern kommen einem in den Sinn, die hier nie mehr gefunden wurden oder erst nach Tagen tot geborgen werden konnten.

Das Adrenalin schießt in den Körper. Einmal tief durchatmen – und weiterpaddeln. Die Abbruchkante entlang. Und dann drüber hinaus. Raus aus der Komfortzone. Links der helle Fels, rechts der dunkle Abgrund. Wooohooo!

FAZIT: ZUM TEUFEL NOCH MAL, WAS FÜR EINE SUP-ERTOUR. UN-BE-DINGT MACHEN!

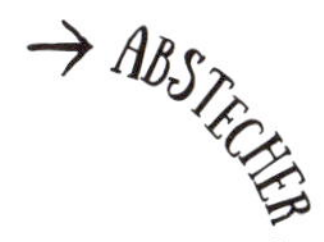

BARFUSS ZUR MITTE

Nur ein Holzsteg verbindet sie mit der Welt. Die Klosterinsel Werd mitten im Rhein. Seit mehr als 1200 Jahren zieht sie Menschen an. Wer dort barfuß durch das Labyrinth geht, macht sich auf die Suche nach der eigenen Mitte – und lädt dabei den Akku wieder auf.

#Inselglück #Kraftort #ommmm

Stein an Stein: Wer barfuß durch das Labyrinth geht, spürt zuerst jeden Schritt. Doch plötzlich fließt der Atem von allein – und die Energie.

Der Weg zur Insel Werd ist fast schon wie eine Meditation. Schritt für Schritt. 200 Meter über den Holzsteg. Unter einem der blaue Rhein. Vor einem das Klösterle. Über einem der Himmel.

1200 Jahre lang ist die Insel schon bewohnt. Fünf Franziskanermönche leben dort, auf Schweizer Territorium, im kleinen Kloster neben der Kapelle. Sie freuen sich über Besuch. Die einen kommen, um zu beten. Andere, um zu meditieren. Die Insel Werd ist ein Kraftort, glauben Esoteriker. Angeblich spüren sie auf der Insel mitten im Rhein eine 200-mal stärkere Energie als anderswo. Doch auch wer nicht daran glaubt: Diese Plätze sind oft bezaubernd. So wie die Insel Werd.

Ihre Geschichte ist eng verknüpft mit dem heiligen Otmar. Der erste Abt des Klosters St. Gallen starb am 16. November 759 auf der Insel Werd – als verbannter Sträfling und an den Folgen von Folter und Misshandlung. Zehn Jahre später trauten sich St. Gallener Mönche, ihren Otmar aus dem Grab zurück in ihr Kloster zu holen. Sie staunten: Der Leichnam im Hochgrab auf der Insel war kaum verwest. 1767 kehrte Otmar zurück auf die Insel Werd. Seither wird in der Otmarkapelle eine Reliquie aufbewahrt.

Direkt daneben, im Klostergarten, liegt das Labyrinth. Auf den ersten Blick recht unscheinbar, ganz einfach mit kleinen Kieselsteinen in den Rasen gelegt. Das Wichtigste steht auf einer Tafel: sich innerlich sammeln. Und die Schuhe ausziehen.

Über den Holzsteg in eine andere Welt: Der Spaziergang zur Insel Werd ist fast schon wie eine Meditation. Die Pause mit Blick aufs Wasser sowieso!

Barfuß geht's ins Labyrinth. Anfangs kitzeln die Kieselsteine unter den Sohlen. Die Füße werden gut durchblutet, mit jeder Kehre, mit jedem Schritt kribbelt es mehr. Der Atem fließt ganz von allein – die Energie auch. Unfassbar, wie wenig es braucht, um sich zu entspannen. Frische Luft. Zeit. Kein Handy, kein Gespräch. Keine Anforderungen. Nur gehen. Bis zur Mitte und zurück.

444 Meter ist das Labyrinth lang. Sein berühmtes Vorbild liegt in der Kathedrale von Chartres. Es gehe darum, den Weg zur eigenen Mitte und danach wieder den Pfad in den Alltag zu finden, so erklären es die Mönche. Zurück in den Alltag? Das hat Zeit. Erst mal den Blick aufs Wasser genießen, die Stille. Und über den Sinn des Lebens nachdenken.

FAZIT: EIN MYSTISCHER ORT MIT VIEL MEDITATIVER RUHE. AUCH WER NICHT AN KRAFTORTE GLAUBT, KANN HIER GANZ EINFACH SEINEN AKKU WIEDER AUFLADEN.

Hin & weg: Zu Fuß über einen Holzsteg, am besten barfuß. Die Insel Werd liegt am Ortsrand von Eschenz (mit dem Postauto bis Haltestelle Eschenz-Höfen, wenige Parkplätze vorhanden).

Beste Zeit: Immer – außer zu den Stundengebeten der Franziskanermönche um 7, 12 und 18 Uhr.

Dauer: 15 Min. für das Labyrinth, gerne mehr für die Inselauszeit.

Ausrüstung: Nichts. Wer möchte, einen Gedanken oder ein Gebet.

→ ABSTECHER …

MOLE UND MEHR

… im Lindenhofbad in Lindau

Dieses Strandbad ist der Wahnsinn: Mitten im Lindenhofpark, direkt am Bodensee, liegt das Lindi. Baden mit Blick auf die Berge, mit dem SUP rauspaddeln oder an der Mole sonnen – geht hier alles. Und zwar ganz ohne Eintritt! So macht der Sommer Spaß.

Sonne tanken, Salat essen und danach noch ab aufs SUP. So ein Tag am See geht schnell vorbei.

Was wäre Lindau nur ohne das Lindi? Während sich in der Altstadt auf der Insel im Sommer die Touristen drängen, kann man hier entspannt Sonne tanken. Im See schwimmen. Und das Leben genießen. Das ehemalige Seebad Lindenhof liegt einfach wunderschön mitten im Lindenhofpark im Stadtteil Bad Schachen. Auf der großen Liegewiese unter den alten Bäumen gibt's viel Platz und Schatten, selbst an heißen Sommertagen. Noch schöner ist es aber an der Mole im alten Hafen. Wer dort an der warmen Mauer sitzt, die Sonne im Gesicht, See und Berge vor der Nase, der fühlt sich wie im Urlaub. Oder noch besser!

Nachdem der Lindenhofpark 1956 in den Besitz der Stadt Lindau übergegangen war, wurde dort direkt am See ein Freibad gebaut.

Baden gehen im Lindi ist fast wie ein Sommer am Meer. Aber die Berge am Horizont, die gibt's nur am Bodensee.

Vor einigen Jahren hat die Stadt entschieden, das Bad für alle Lindauer zu öffnen, der Eintritt ist seitdem frei.

Schwimmen macht hungrig, Chillen auch. Gut, dass es das Strandcafé Lindenhof gibt. Und das ist so richtig schön retro! Nicht nur Architekturfans werden das Café aus den 1950er-Jahren lieben. Mehr Charme geht einfach nicht. Und das Essen ist sehr lecker. Also erst mal den Schwimmbadklassiker bestellen: Pommes rot-weiß. Wer's gesund mag, die Salate sind hier frisch und gut. Danach noch einen Kuchen oder eine kalte Limo. Unbedingt alles oben auf der Terrasse genießen, da hat man die beste Sicht und seine Ruhe.

Keine Lust auf Chillen? Kein Problem! Wer sich etwas bewegen will, leiht sich ein Kanu oder ein SUP-Board aus. An die Paddel, fertig, los! Und ab geht's auf den See. Danach steht eigentlich nur noch eines auf dem Programm: Warten. Auf den Sonnenuntergang. Unten an der Mole – mit Blick auf See und Alpen ...

FAZIT: DAS LINDI IST EINFACH KULT! ENTSPANNTER ALS HIER KANN EIN TAG AM SEE NICHT SEIN.

Hin & weg: Am besten mit dem Rad zum Lindenhofbad im Lindenhofpark (Lindenhofweg 41).

Beste Zeit: Ein Sommertag, geöffnet ist das Bad von April bis Oktober; Eintritt frei.

Dauer: Bis zum Sonnenuntergang. Mindestens!

Ausrüstung: Schwimmsachen.

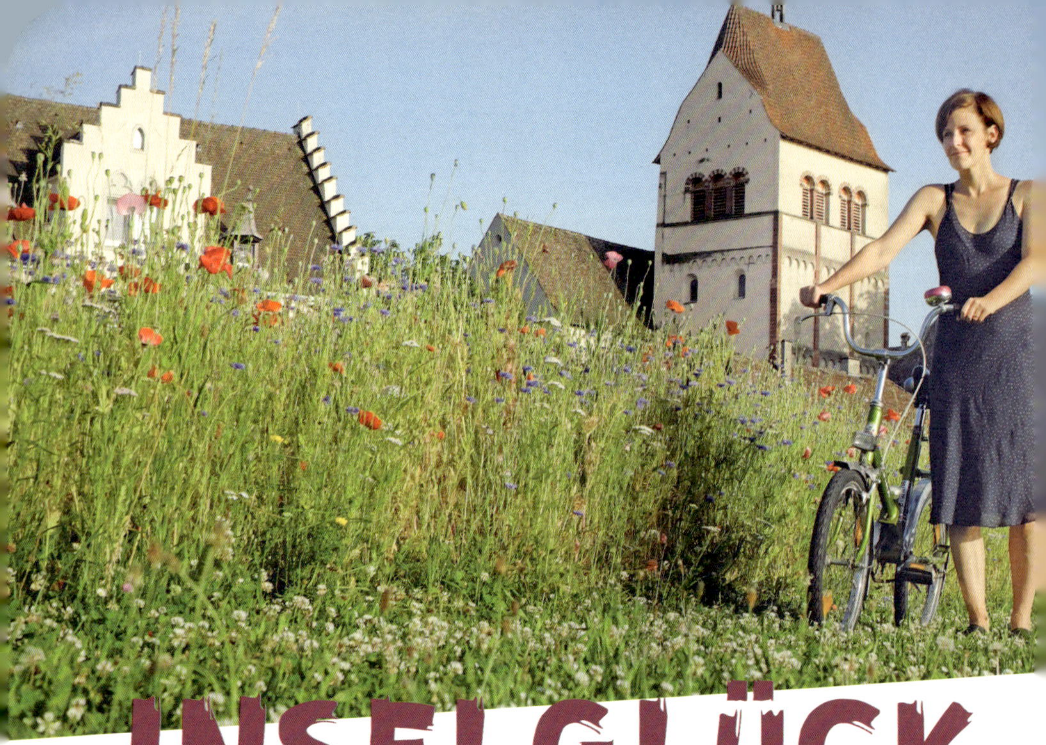

INSELGLÜCK

... Radtour um die Reichenau

#11

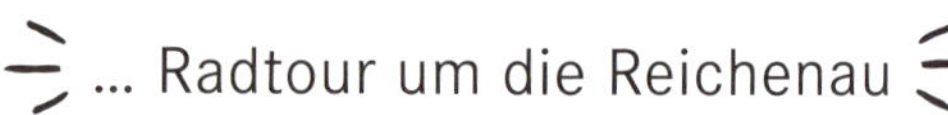

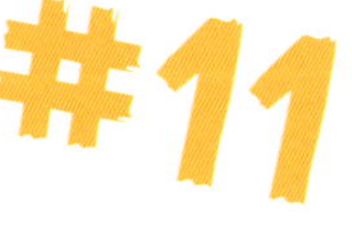

Eine Insel ist eine eigene Welt. Auch auf der Reichenau scheint die Zeit langsamer zu vergehen. Perfekt für eine entspannte Feierabendtour: Klapprad schnappen und einmal um die Insel radeln. Und zwar immer Richtung Sonnenuntergang.

#Inseltour #IloveKlapprad #Abendrot

Grüne Pause am Rand der Pappelallee. Unter den Bäumen geht's geradeaus ins Inselglück.

→ ABSTECHER …

Das Klapprad klappert gemütlich durch die Allee. Pappeln, so weit das Auge reicht. Das ist das Erste, was man von der Insel sieht. Hunderte stehen hier auf dem Damm, der das Festland seit fast 200 Jahren mit der Reichenau verbindet. Der Wind zieht durch die Blätter und durch das Schilf. Kurz blitzt der Bodensee auf. Rechts und links vom Damm liegt das Wollmatinger Ried, das größte Naturschutzgebiet auf der deutschen Bodenseeseite. Von der Ruine Schopflen hat man einen schönen Blick. Doch heute Abend ist das Ziel die Reichenau.

Klosterinsel. Gemüseinsel. Urlaubsinsel. Und vor allem die größte Insel im Bodensee. 4,5 Kilometer lang, 1,5 Kilometer breit. Perfekt für Feierabendradler, denn hier kann

Da hast du den Salat: Mit dem Klapprad kann man ganz gemütlich an den Gemüsefeldern vorbeiradeln. Und natürlich an der alten Inselkirche St. Georg.

man sich nicht verfahren. Der Weg ist klar: gegen den Uhrzeigersinn auf dem Inselrundweg und ab und zu mal Richtung Inselmitte abbiegen. Ganz entspannt zu den schönsten Inselplätzen radeln.

Erster Stopp: St. Georg, die erste der drei Inselkirchen, die zwischen dem 9. und 12. Jahrhundert erbaut wurden. Im Jahr 2000 hat die UNESCO die Kirchen auf der Klosterinsel zum Weltkulturerbe erklärt. Ein Blick auf die

Rote Sonne, kühle Cocktails: Am Strand auf der Reichenau geht die Feierabendtour so richtig spektakulär zu Ende. Was für ein Sundown-Spot!

dicken Mauern, dann um die St. Georg herum und hinab zum See. Am Ufer liegen die ersten Fischerboote. Zwanzig Berufsfischer gibt es auf der Reichenau noch, sie fangen Felchen, Hechte und Forellen. Kleiner Geheimtipp für Fischliebhaber: bei Riebels Fischimbiss anhalten und dort ein Forellenweckle auf die Hand mitnehmen.

Fast von allein radelt es sich zum Münster St. Maria und Markus. Die Dorfwiese davor mit den vielen bunten Blumen macht gleich gute Laune. Angekommen, unbedingt die Kirchentür des Münsters öffnen und kurz eintauchen in die besondere Atmosphäre der früheren Klosterkirche.

Danach führt der Radweg Richtung Inselmitte. Jetzt kommen sie: die typischen Gemüsefelder und Gewächshäuser. Hier ziehen die Reichenauer Gemüsebauern ihre berühmten Tomaten, Gurken und Salatköpfe. Danach rollt das Klapprad Richtung Bodensee bis zur Sandseele. Der Campingplatz hat eine unschlagbare Lage: direkt am Ufer, mit Blick auf den See und die Höri. Im Restaurant gibt's leckeren Salat und leckere Cocktails. Erst mal zurücklehnen und genießen. Wer möchte, geht noch eine Runde baden.

Und dann kommt der Höhepunkt: Sonnenuntergang auf der Reichenau. Der schönste am Bodensee, sagen die Einheimischen. Stimmt. Einfach sensationell, wie hier die Höri und die Hegauvulkane tiefrot über dem See leuchten. Schon hat die Reichenau einen weiteren Titel: Sundowninsel!

FAZIT: SCHÖNER KANN EIN TAG AM BODENSEE NICHT ENDEN! MIT DEM KLAPPRAD KANN MAN AUF DER URLAUBSINSEL REICHENAU ENTSPANNT IN DEN SONNENUNTERGANG RADELN.

Hin & weg: Mit dem Regionalexpress Seehas bis zum Bahnhof Reichenau (am Festland), das Klapprad passt locker rein, alle anderen Räder in der Regel auch.

Beste Zeit: Geht immer, besonders schön zum Sonnenuntergang.

Dauer & Strecke: 1 Std., 12 km flacher Rundweg, mit Stopps deutlich länger. Wer viel Zeit hat, bleibt am besten ein ganzes Wochenende lang.

Ausrüstung: (Klapp-)Rad. Und, wie immer, Badesachen.

GEGEN DEN STROM

Für ein bisschen Sommerglück braucht man gar nicht viel: ein Handtuch, Badesachen und natürlich Wasser! Rund um den Bodensee gibt's viele tolle Badestellen. Die Badi in Tägerwilen ist besonders schön: Nirgends sonst kann man am Bodensee so entspannt gegen den Strom schwimmen.

#IloveBadi #reinindenRhein #SommerSonneSchwumm

Erst sonnen, dann sporteln: Wer Kraft getankt hat, ist bereit für die Kajaktour. Gegen den Strom!

Endlich Sommer. Wenn die Temperaturen wärmer werden, füllen sich die Badeplätze rund um den Bodensee. Für die Schweizer beginnt jetzt die schönste Zeit: in der Badi!

Das Seerheinbad Zellersguet in Tägerwilen hat richtig viele Fans. Die Badi liegt direkt am Radweg von Kreuzlingen nach Ermatingen, perfekt für einen kurzen Sonnenstopp und einen Sprung ins Wasser. Das ist hier nicht nur besonders blau und herrlich klar. Der Seerhein ist vergleichsweise ruhig. Fast gemütlich kann man gegen den Strom schwimmen – mit wenig Kraft immer auf einer Stelle.

Wer sportlich schwimmen will, zieht am rechten Ufer langsam stromaufwärts. Das geht ganz schön in die Arme. Viel entspannter: zu Fuß rund 300 Meter flussaufwärts bis zum Badeplatz Kuhhorn gehen, dann ganz easy zurücktreiben lassen. Bis zur Badi.

Platsch! Ein Sprung vom Turm mitten im Rhein ist für manche Teenies die größte Mutprobe in

Der coolste Platz in der Badi? Der Turm, was denn sonst!

der Badi. Der Sandstrand ist zwar klein, dafür aber herrlich mit Schilf umgeben. Und auf der Liegewiese gibt es viel Platz und Schatten.

Hier in der Badi treffen sich einfach alle: Kinder und Erwachsene, Einheimische und Urlauber, Sünneler und Bädeler. Die einen dösen entspannt vor sich hin, die anderen plantschen im kühlen Wasser. Und wieder andere genießen am Kiosk ein Raketenglacé oder ein Kafi. Pommes und Hotdog gibt's natürlich auch. Sommer ist für Schweizer aber auch Grillieren. Auch das geht in der Badi. Damit die Cervelat auch wirklich Platz auf dem Rost hat, am besten vorher reservieren.

Badi-Profis haben in Tägerwilen übrigens immer die Uhr im Blick. Warum? Damit sie das große Wellenbaden nicht verpassen! Und zwar immer dann, wenn das Linienschiff der Weißen Flotte auf dem Seerhein vorbeizieht. Schnell rein in den Rhein!

FAZIT: I LOVE BADI! UND GANZ BESONDERS DIE IN TÄGERWILEN. WEIL ES EINFACH SPAß MACHT, MAL WIEDER GEGEN DEN STROM ZU SCHWIMMEN.

Hin & weg: Am besten mit dem Rad zum Seerheinbad Zellersguet (Badistrasse Tägerwilen), alternativ mit dem Zug bis Tägerwilen-Gottlieben oder dem Schiff zur Anlegestelle Gottlieben (1 km Fußweg).

Beste Zeit: Sommer! Und zwar täglich bis 22 Uhr.

Dauer: Bis die Zehen kalt werden.

Ausrüstung: Schwimmsachen, Sonnencreme.

CHILL AND GRILL

… am Strand in Friedrichshafen

Sonnenuntergänge am Bodensee sind schlicht eines: atemberaubend! Vor allem wenn man Richtung Westen blickt. Zum Beispiel am Strand bei Friedrichshafen. Sand zwischen den Zehen, See und Säntis vor der Nase. Wenn dann auch noch ein Feuer flackert, ist das kleine Feierabendglück perfekt.

#perfekterUntergang #tschüssSonne #hachwieschön

→ ABSTECHER ...

Einfach nur wow! Nicht nur der Säntis, auch die Grillwürste. Wann glühen die schon mal so im Abendrot ...

Hier draußen können selbst Ungeduldige einfach mal eines: abwarten ... So lange, bis am Horizont die Sonne untergeht. Und zwar komplett. Schöner kann der Tag nicht enden.

Gute Sundown-Spots mit freier Sicht nach Westen gibt's am Bodensee ja viele. Der Karren bei Dornbirn, die Mili in Bregenz, die Achmündung in Hardt, das Schloss in Wasserburg, die Mole in Radolfzell, die Sandseele auf der Reichenau ... Und der Strand am Freizeitgelände Manzell in Friedrichshafen-Fischbach. Noch nie gehört? Dann wird es aber allerhöchste Zeit!

Der Naturstrand bietet alles für den perfekten Sonnenuntergang, vor allem Ruhe. Und noch was: Offene Feuer sind hier – ja richtig – erlaubt! Wie wär's mit einem Sundown-Barbecue? Noch einfacher als am Lagerfeuer der

Nur nicht lange fackeln: So ein Stranddinner am See hat schon was. Abenteuer oder Romantik? Am besten im Doppelpack.

vier Grillstellen geht das auf dem mitgebrachten Kugelgrill. Erst mal Holzkohle drauf, anfeuern. Das Bier schwimmt währenddessen im kühlen Bodensee. Bis die Glut richtig heiß ist, einfach mal zurücklehnen. Entspannen nach einem hektischen Tag. Das geht hier ziemlich gut – die Füße im Sand und den Säntis vor der Nase.

Die Luft ist klar. Die Sicht gut. Der höchste Berg am Bodensee strahlt schon leicht rot, auf der gegenüberliegenden Seeseite, mitten im Alpsteingebirge. So langsam kann es losgehen. Jetzt mal ehrlich: Wie oft im Jahr sieht man sich einen Sonnenuntergang an? So komplett, von Anfang bis zum Ende? Leider viel zu selten!

Plopp! Während die Grillwurst brutzelt, darf das Feierabendbier oder die Limo geöffnet werden. Denn jetzt geht's los. Und wie. Die Sonne gibt heute alles. Rosa, rot, daneben strahlendes Blau. Die Himmelsfarben sind fast zu schön, um wahr zu sein. Immer intensiver wird das Farbspiel. Der Himmel brennt. Und dann zieht auch noch ein Vogelschwarm

Eiskalt aus dem See gefischt – so schmeckt der Feierabenddrink am allerbesten. Jetzt kann der perfekte Sonnenuntergang beginnen.

hindurch. Hach, wie schön ... Okay, Kitsch ist nicht jedermanns Sache. Aber das hier schlägt echt alles!

Wäre da noch die Sache mit den Wolken: Im schlimmsten Fall machen sie den Untergang ziemlich unsichtbar. Im besten Fall gibt's dem Ganzen aber noch ein bisschen mehr Drama. Und das schadet ja nie.

Tschüss, Sonne! Bis zum nächsten Mal. Das Abendprogramm geht übrigens noch weiter. Und zwar am Ufer gegenüber. Dort funkeln nämlich schon die ersten Lichter ...

Hin & weg: Zum Freizeitgelände Manzell (Zeppelinstraße 650) in Friedrichshafen-Fischbach geht's umweltfreundlich mit Bus (SeeLinie RAB 7395) oder der Regionalbahn von Friedrichshafen-Stadt. Parkplätze sind vorhanden.

Beste Zeit: Kurz vor und bis nach Sonnenuntergang.

Dauer: Bis die Sonne verschwunden ist – und noch ein bisschen länger.

Ausrüstung: Kugelgrill, Grillwürste und ein kühles Getränk. Wer länger sitzen bleiben will: Fackeln!

FAZIT: FRIEDRICHSHAFEN-FISCHBACH IST SO WAS WIE EIN KLEINER GEHEIMTIPP FÜR DEN PERFEKTEN UNTERGANG. ZUMINDEST FÜR ALLE, DIE GERNE IM ABENDROT AM STRAND UMS OFFENE FEUER SITZEN.

→ ABSTECHER …

BIS ZUM BISON

… auf der Muckeseckele-Runde am Bodanrück

Kurz, leicht und mit Aussicht: Die Tour auf dem Bodanrück ist perfekt für alle, die gerne entspannt spazieren gehen. Vom schmalen Waldpfad sieht man auf den Bodensee. Und wer Glück hat, trifft am Waldrand echte Schwergewichte.

Natur pur: Auf der Muckeseckele-Runde spaziert man mitten ins Grüne. Vorbei an bunten Blumen und auf einfachen Wegen. Das ist was für den Feierabend!

Die wichtigste Frage zuerst: Was ist eigentlich ein Muckeseckele? Ganz einfach: die allerkleinste Maßeinheit. Zumindest im schwäbisch-alemannischen Dialekt. Gemeint ist das Seggele einer Mugg. Auf Hochdeutsch: das Geschlechtsorgan einer Stubenfliege. Ja, richtig gelesen. Wer das Muggaseggle sehen will, muss ganz genau hinschauen: Laut Entomologen des Stuttgarter Naturkundemuseums misst das nämlich nur 0,22 Millimeter.

Die Muckeseckele-Runde ist mit 3,5 Kilometer zwar deutlich länger – aber eine leichte, für jeden machbare Kurzvariante der beliebten Bodanrück-Runde. Ein Muckeseckele eben, also perfekt für einen gemütlichen Spaziergang.

Vom Wanderparkplatz bei der Bisonstube in Bodman-Ludwigshafen spaziert man los, am besten im Uhrzeigersinn. Und vor allem auf dem schmalen Naturpfad, der direkt neben

Unterwegs gibt's viel zu sehen. Ihn hier zum Beispiel, einen echten Bison. Nur ein Muckeseckele weit entfernt, aber zum Glück hinterm Zaun ...

dem Feldweg liegt. Zwischen den Bäumen, über Wurzeln und mit Blick auf den Überlinger See.

Wie gut, dass es den Bodanrück gibt. Jenen lang gezogenen Molassebuckel, der sich zwischen Überlinger See und Untersee in den Bodensee schiebt. Ein Relikt aus der Eiszeit. Voller Wald, Weiden und Wiesen. Und vor allem: voller Ruhe. Zumindest wenn man unter der Woche hierherkommt.

Der Muckeseckele-Spaziergang über das Hochplateau bietet alles, was man braucht, um einfach mal abzuschalten. Kurze Wege, wenig Steigung und tolle Aussicht auf den Überlinger See, den Untersee und die Halbinseln Mettnau und Reichenau. Wer Glück hat, sogar bis zu den Alpen.

Noch eine Attraktion, die es sonst nirgends gibt: echte Bisons. Die leben das ganze Jahr über in ihrer Herde auf den Weiden am Waldrand. Aus der Nähe sehen die Tiere ziemlich beeindruckend aus. Unbedingt mal nah rangehen, natürlich nur bis zum Zaun.

Am Ende wird die Muckeseckele-Runde sogar noch zum Premiumweg: Zurück zum Wanderparkplatz geht's auf einem Teilstück des ausgezeichneten Weitwanderwegs SeeGang (Eskapade #46). Auch hier am besten auf dem schmalen Pfad gehen – und die Aussicht auf Radolfzell und den Untersee genießen. Von der Panoramaliege aus. Und zwar ein Muckeseckele länger als geplant. Mindestens!

FAZIT: ES MÜSSEN NICHT IMMER DIE LANGEN STRECKEN SEIN. MANCHMAL IST DIE ERHOLUNG VOM ALLTAG NUR EIN MUCKESECKELE ENTFERNT!

Hin & weg: Zum Start der Muckeseckele-Runde am Wanderparkplatz bei der Bisonstube (am Bodenwald 1, 78351 Bodman-Ludwigshafen) geht's am besten mit dem Auto.

Beste Zeit: Das ganze Jahr über, am ruhigsten an einem ganz normalen Wochentag.

Dauer & Strecke: 3,5 km, 1 Std., mit Einkehr in der Bisonstube länger (www.bisonstube-bodenwald.de).

Ausrüstung: Wanderschuhe.

→ ABSTECHER …

BLICK AUFS LICHTER-MEER

 … von der Karren-Kante in Dornbirn 

Die Karrenseilbahn ist was für Höhenflieger: Oben auf dem Karren blickt man über die Dächer von Dornbirn bis zu den Schweizer Alpen und zum Bodensee. Und wenn es Nacht wird, funkeln die Lichter der Stadt mit den Sternen um die Wette.

#AbendAbenteuer #BiszumHorizont #Sternenzauber

Ein Steg – und drunter: nichts! Und zwar ziemlich viel davon. Wer nicht nach unten sehen kann, der schaut einfach in die Berge. Auch nicht schlecht …

In nur fünf Minuten fliegt man hoch hinauf: Von der Talstation der Karrenseilbahn in Dornbirn geht's rasend schnell bis auf 976 Höhenmeter. Der Blick aus der Gondel macht richtig Laune: grüne Berge, blauer See. Und dazwischen ein Häusermeer.

Der Dornbirner Hausberg hat es in sich. Nicht nur tagsüber als Ausgangspunkt für wunderschöne Wanderungen, sondern auch und ganz besonders, wenn es langsam dunkel wird. Wie gut, dass die Karrenseilbahn bis 23 Uhr auf den Berg und wieder hinab schwebt. Da gibt es überhaupt keine Ausreden für das kleine Abend-Abenteuer.

Doch noch ist die Sonne da. Und oben angekommen, geht es erst mal auf die Aussichtsplattform. Oder besser rein ins Nichts! Der 12 Meter lange Steg ist nämlich komplett aus Glas, unter den Füßen hat man nur ein Gitter. Uiiiiiii! Ganz schön hoch. Ein bisschen Nervenkitzel gehört dazu, aber dafür ist der Blick vorne an der Kante einfach krass – und schön: links die Schweizer Berge, vor einem das Rheintal und dahinter der Bodensee.

Die Abendsonne taucht alles in goldenes Licht. Ganz langsam färbt sich der Horizont hinter dem Bodensee: gelb, orange, rosa. Was für ein Blick! Links taucht der Säntis zwischen den Bergen auf. Der Himmel wird immer dunkler. Tschüss, Sonne! Noch ein paar Minuten, dann beginnen die ersten Lichter zu glitzern. Unten, im Rheintal. Und noch etwas später oben am Himmel.

Das zieht auch die Einheimischen an. Die steigen übrigens nicht in die Seilbahn, sondern sporteln nach der Arbeit am liebsten auf ihren Hausberg. Stressabbau an der frischen Luft – im Laufschritt hinauf auf den Karren. Etwa eine Stunde braucht man im eher gemütlichen Feierabendtempo, Jogger sind je nach Fitness deutlich schneller oben.

Ganz egal, ob mit Bahn oder zu Fuß: Alle werden belohnt. Mit einem traumhaften Blick auf die funkelnden Lichter und einen atemberaubenden Sternenhimmel. Ein Selfie, ein Glitzermeerfoto – und dann rein ins Panoramarestaurant. Oder in die nächste Seilbahn. Nur fünf Minuten, schon ist man zurück im Alltag. Bis zur nächsten Flucht auf den Karren.

Abendrot an der Karren-Kante – jetzt beginnt endlich das ganz große Kino. Erst mal leuchten die Bergspitzen am Horizont, dann der Mond und die Sterne. Und am Ende die Lichter der Stadt.

FAZIT: WAS FÜR EIN AUSBLICK! AUCH NICHT GEÜBTE STERNENGUCKER FINDEN VOM KARREN GARANTIERT DEN GROßEN WAGEN.

Hin & weg: Mit der Karrenseilbahn (Gütlestrasse 6), vom Bahnhof Dornbirn mit Stadtbus Linie 207 oder Landbus Linie 177 direkt zur Talstation, zu Fuß 25 Min.

Beste Zeit: Zum Sonnenuntergang, die Karrenbahn fährt bis 23 Uhr, Preise und Betriebszeiten unter www.karren.at

Dauer: Bis die Sterne funkeln.

Ausrüstung: Fernglas und Fotokamera (am besten mit Stativ).

EINFACH SPITZE!

… auf der Mettnau-Halbinsel bei Radolfzell

Der Sommer am See sollte nie, nie, nie zu Ende gehen. Wenn da nicht die Mettnau wäre. Denn wenn es Herbst wird, dann beginnt endlich die Zeit der goldenen Spaziergänge. Und zwar ganz frühmorgens, nach Sonnenaufgang. Einmal Mettnauspitze und zurück!

#Naturpur #Spitzenpfad #Herbsttour

→ ABSTECHER …

Wogendes Schilf, blauer Himmel: Die Mettnau ist ein Paradies. Und im Herbst besonders zauberhaft.

Das Wichtigste bei dieser Morgenwanderung lernt man schon nach wenigen Metern: unbedingt wasserdichte Schuhe mitnehmen. Denn es gibt nur einen Pfad bis zur Spitze – und je nach Wasserstand ist das eine ziemlich matschige Angelegenheit. Dieser Spitzenpfad führt nämlich mitten durch den Schilfgürtel und durch den Matsch.

Kaum zu glauben, was hier im Herbst und Winter los ist: Jahr für Jahr kommen mehrere Tausend Kriekenten, Spießenten und Tafelenten, auch Reiherenten aus Osteuropa und Westsibirien überwintern hier. Der Schilfgürtel ist für sie alle ein perfektes Quartier. An einem sonnigen Oktobermorgen ist es ruhig im Schilf. Ab und zu hört man es quaken, und dann sieht man eine Ente herausschwimmen. Die meiste Zeit ist man aber allein. Zum Glück! Die Mettnau im goldenen Morgenlicht ist nämlich viel zu schön, um sie mit vielen Menschen zu teilen. Das wogende Schilf. Die weiten Wiesen. Die alten, knorrigen Bäume. Die Mettnau, das ist Natur pur. 180 Hektar Grün, 3,5 Kilometer lang und bis zu 800 Meter breit.

Wie die Blätter blitzen und der See leuchtet. Besonders schön ist der Herbstblick vom Mettnau-Turm.

Die wunderschöne Halbinsel liegt am Ortsrand von Radolfzell am Untersee, zwischen Zeller See und dem Markelfinger Winkel. Seit beinahe hundert Jahren steht die Mettnau unter besonderem Schutz. Sie ist eines der ältesten Naturschutzgebiete Deutschlands. Im Sommer ist der Weg zur Spitze für Wanderer und Spaziergänger komplett gesperrt. Denn dann ist hier Brutzeit, und zwar für rund 90 Brutvogelarten.

Dass die Mettnau heute eines der wichtigsten Brutgebiete der Region ist, war übrigens Zufall: Bei Aufschüttarbeiten entstand ein Teich. Sein Wasserstand ist unabhängig von den Schwankungen des Bodenseepegels – und damit ein perfekter und sicherer Brutplatz für Enten.

Im Herbst darf die Spitze wieder betreten werden. Ungefähr 30 Minuten, dann endet

Spitzenlandung: Wer an der Mettnauspitze sitzt, hat den besten Blick auf die Tierwelt und die Insel Reichenau.

der Weg ganz vorne. Das Wichtigste: ankommen und genießen – entweder von der Bank aus oder im Sand. Von diesem Ort aus sieht man direkt zur Insel Reichenau, rechts die Höri, links Allensbach und Markelfingen. Und ganz viel Schilf.

Hin & weg: Nur zu Fuß, und zwar vom Wanderparkplatz am Mettnau-Strandbad, dahin geht's mit Auto oder Bus Nr. 5 vom ZOB Radolfzell stündlich. In wenigen Minuten zum Mettnau-Turm, dort startet der Pfad zur Spitze.

Beste Zeit: Goldener Oktober. Von September bis April darf die Spitze betreten werden, in den übrigen Monaten ist das Wandern zur Spitze verboten, weil dort viele Vögel brüten.

Dauer & Strecke: 1 Std., 2,6 km hin und zurück, mit Turmaufstieg etwas länger.

Ausrüstung: Wasserdichte Schuhe, für Vogelfreunde ein Fernglas.

Noch mehr Schilf gibt's am Ende der Tour: Zum Abschluss unbedingt hinauf auf den Mettnau-Turm steigen. Und in 18 Meter Höhe hinabblicken auf das grüne Paradies, den See und die Region. Und weiter bis zur Spitze schauen. Wie gut, dass der Herbst noch lange nicht zu Ende ist ...

FAZIT: DAS IST WAS FÜR FRÜHAUFSTEHER! EINMAL METTNAU UND ZURÜCK – UND DANACH TOTAL ENTSPANNT ZUR ARBEIT GEHEN ODER, NOCH BESSER: ZUM ENTSPANNTEN FRÜHSTÜCK.

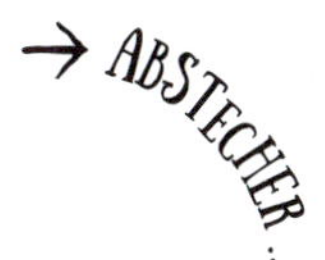

ÜBER DEN WOLKEN

Jahrhundertelang war das Konstanzer Münster das Wahrzeichen der früheren Bischofsstadt. Dann kam Imperia. Seit 1993 ist die Frau am Hafen für viele das Symbol der Stadt. Doch das Münster hat die beste Aussicht! Wer die 245 Stufen hochsteigt, möchte am liebsten ewig bleiben. Selbst an grauen Tagen.

#hochhinaus #Münsterblick #360Grad

Was für ein Weitblick über die Dächer – und über den See. Auf dem Münsterturm liegt einem die Welt zu Füßen. Und die ist auch an grauen Tagen bezaubernd.

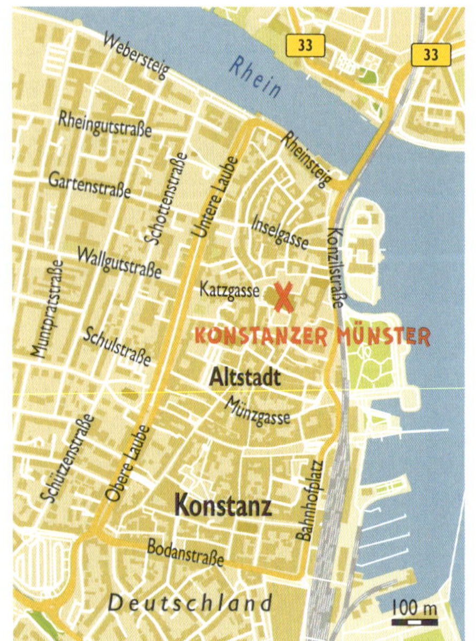

188, 189, 190. Der Weg hinauf auf den Münsterturm ist ein Fitnessprogramm. Und das beginnt im dunklen Kirchenraum des Münsters, im Turminneren geht es immer nach oben. Schritt für Schritt. Stufe für Stufe.

Der Puls steigt da schon ein bisschen. Doch das Ziel motiviert: Das Münster ist das höchste Gebäude der Konstanzer Altstadt. 76 Meter sind es bis zur Turmspitze. Der beste Platz also, um die Welt von oben zu bestaunen. Und um ein bisschen Ruhe zu haben.

Das Münster Unserer Lieben Frau steht mitten in der Altstadt und ist eine der größten romanischen Kirchen im Südwesten Deutschlands. In den Gassen rundherum ist immer viel los. Konstanz, die größte Stadt am Bodensee, ist beliebt bei Touristen. Wenn die

Regenwolken tief über dem See hängen, geht es aber entspannt zu. Vor allem im Treppenhaus des Münsters ist dann wenig los.

191, 192, 193. Geschafft! Durch die schweren Türen des Westturms hinaus ins Freie. Hier oben bläst der Wind, die Wolken ziehen über die Stadt. Bei trübem Wetter ist die Sicht beschränkt. Die Alpen, die an sonnigen Tagen am Horizont aufblitzen, verstecken sich hinter dicken Wolken. Trotzdem: Es lohnt sich, auch an grauen Tagen hinaufzusteigen. Ein Blick durch das Fernrohr, ein Selfie durch den Gitterzaun – und dann wieder rein. Weiter hinauf.

52 Stufen sind es noch. Die enge Wendeltreppe wird zur Herausforderung. Wer zu schnell geht, dem wird fast schon schwindelig. Doch wer bis hierher gekommen ist, schafft das letzte Stück hinauf auch noch. Ganz oben fühlt man sich fast wie im Himmel.

FAZIT: DAS IST WAS FÜR HIMMELSSTÜRMER. WER KEINE LUST AUF TRUBEL HAT: RAUF AUF DEN TURM, AUCH BEI SCHLECHTEM HERBSTWETTER.

Hin & weg: Zu Fuß zum Münsterplatz 1 mitten in Konstanz, dann 245 Treppen hochsteigen bis zur obersten Aussichtsplattform.

Beste Zeit: Mitte März bis Ende Oktober, täglich. Weitere Infos und Öffnungszeiten unter www.konstanz-kirche.de

Dauer: So schnell die Füße einen hochtragen.

Ausrüstung: Etwas Puste für den Aufstieg, Höhenangst unten lassen.

→ Abstecher …

Pack die Gummi- stiefel ein

… für die Regenwanderung auf den Höchsten

#18

Was tun, wenn's regnet? Ab in die Gummistiefel und raus in die Natur. Regenwandern ist ein echtes Abenteuer. Wer sagt denn, dass man Gipfel nur bei schönem Wetter besteigen kann? Nichts wie rauf auf den Höchsten!

#RainyDays #Gipfelglück #WindundWetter

Rainy Days: Blumen und Wiesen, alles voller Regentropfen. Nachschub kommt sicher, denn die dunklen Wolken hängen tief über den Wäldern.

Wenn der Regen einem ins Gesicht peitscht, wird die Tour auf den Höchsten zur Mutprobe. Der Höchste ist – klar – der höchste Gipfel am Nordufer des Bodensees zwischen den Vulkanen des Hegaus und den Bergen des Allgäus. 433 Meter über dem Bodensee und 833 Meter über dem Meer. Und: Der Höchste hat einen Gipfelpavillon. Warum nicht dort hochsteigen, im Trockenen sitzen und den Regentropfen zuhören?

Doch erst mal ist vom Gipfel gar nichts zu sehen. Die Regenwanderung startet ziemlich aussichtslos beim Wanderparkplatz Saalach. Doch es gibt ja kein schlechtes Wetter mit der richtigen Kleidung. Also rein in Regenjacke und Gummistiefel und immer rauf Richtung Gipfel.

Der Weg führt am Wald entlang, vorbei an großen Aussiedlerhöfen. Hinter manchen Fenstern brennt Licht. Hier draußen regnet

Platsch! Mitten hinein in die Pfütze. Irgendwann muss man ja mal testen, ob die Gummistiefel auch wirklich wasserdicht sind.

es weiter, doch man gewöhnt sich daran. Das Wasser steht schon in den Pfützen. Eins, zwei, drei – und mitten hinein! Pfützenspringen ist nur was für Kinder? Von wegen! Wenn das Wasser so richtig spritzt, macht das unglaublich Spaß und wärmt nebenbei. Die Feuerstelle am Spielplatz lassen wir einfach nass liegen, die Entspannungsliege auch. Zum Gipfelpavillon ist es nicht mehr weit.

Da! Das kleine Holzhäuschen. Einsam steht es im Regen. Erst mal rein ins Trockene, abwarten und Tee trinken, den mitgebrachten natürlich. Bei klarer Sicht hat man hier oben wohl ein atemberaubendes Alpenpanorama. Ein Anblick, bei dem man alles vergisst, auch die Zeit – sagen die, die bei gutem Wetter oben sind. Auf einer Regenwanderung sind die Ferngläser voller Regentropfen. Sicht über die Alpen? Nö! Das Linzgau? Nö! Den Bodensee? Auch nö! Nur Wolken und Nebelschwaden. Hat aber auch was, wie das Grau über die grünen Wiesen und Hänge zieht. Der Gipfel geschafft. Noch schnell ein Foto vom blauen Gipfelschild und dann weiter Richtung Berggasthaus Höchsten.

Wer sich aufwärmen will, kehrt ein auf einen Kaffee und ein Stück Kuchen. An manchen Tagen gibt's auch Dinnede, dünne Flammkuchen aus dem Holzofen. Hier im Warmen kann man in Ruhe entscheiden, wie es nach dem Gipfelabenteuer weitergeht. Entweder auf demselben Weg zurück durch den Regen. Oder mit dem Bus hinab. Da ist man, je nachdem, zwar länger unterwegs als zu Fuß. Aber: Es ist trocken!

FAZIT: IM REGEN AUF DEN HÖCHSTEN – DARAN WIRD MAN SICH ERINNERN. UND SICH FREUEN, DASS MAN DAS SOFA GEGEN GUMMISTIEFEL GETAUSCHT HAT.

Hin & weg: Am einfachsten mit dem Auto zum Wanderparkplatz Saalach (Deggenhausen), von dort auf dem gut ausgeschilderten Premium-Rundweg Bodensee-LandGänge bis zum Höchsten. Zurück geht's auch mit dem Bus vom Höchsten über Wittenhofen bis Deggenhausen-Kirche.

Beste Zeit: Rainy Days.

Dauer & Strecke: 1 Std., 3,5 km eine Strecke.

Ausrüstung: Gummistiefel, Regenjacke, Regenschirm. Und eine Thermoskanne voll Tee.

ALTNAU

→ Abstecher …

Namaste am See

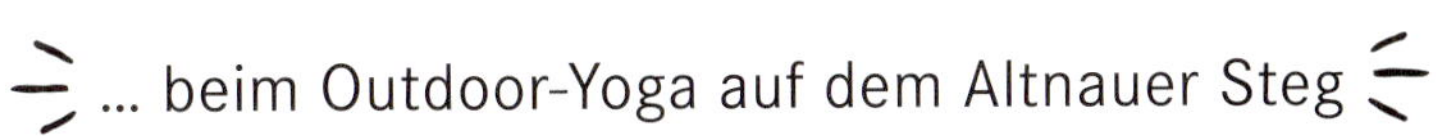

… beim Outdoor-Yoga auf dem Altnauer Steg

Eine Yogamatte und der See, das ist der perfekte Start in den Tag. Gute Plätze fürs Outdoor-Yoga gibt's am Bodensee massig. Dieser Spot ist aber einfach zauberhaft. Auf dem Bootsanleger in Altnau schwebt man fast schon über dem Wasser …

#ommmm #OutdoorYoga #Yogawithaview

Klare Luft, klarer Geist: Yoga am See gibt einen richtigen Energiekick und lädt den Akku wieder auf.

Erste Übung: Augen zu. Im Yoga nennt sich das »Pratyahara«, das Zurückziehen der Sinne. Das Ziel: die Aufmerksamkeit auf sich selbst richten, auf den Körper, die Gefühle. Dann Kraft sammeln. Und entspannt zurückkehren in den Alltag.

Nächste Übung: einatmen. Ausatmen. Und zwar frische Bodenseeluft. Hier draußen in der Natur wird Yoga zum besonderen Erlebnis. Die Sonne im Gesicht. Den Wind in den Haaren. Die Gedanken – gelassen. Zu schade, dass die Augen geschlossen sind. So sieht man ja gar nichts. Weder den See. Blau. Türkis. Noch die Wellen. Groß. Klein.

Also Augen auf! Denn hier auf dem Steg in Altnau gibt's Yoga mit Weitblick. Der Steg ist der längste am Bodensee: 300 Meter führt er übers Wasser zur Schiffsanlegestelle. Schon der Gang über die Holzdielen – und zwar barfuß – ist wie eine Meditation. Vorne die Matte ausrollen, und weiter geht's mit dem Sonnengruß. Ommm!

Immer mehr Yogi tauschen das Yogastudio mit einem Platz in der Natur. Das Draußensein macht nicht nur Spaß, sondern entspannt auch. Und auch wer wenig Erfahrung mit Yogaübungen hat, kann mitmachen. Wer nicht weiß, wie so eine Outdoor-Yogastunde aussehen kann: Yoga-Einheiten für Anfänger aufs Smartphone laden und loslegen.

Noch einfacher: Meditieren! Im Schneider- oder Fersensitz auf den Steg setzen. Die Augen blicken hinauf aufs Wasser. Die Gedanken ziehen lassen. Wie die Wolken über dem See. Langsam fühlt man sich richtig wohl auf der Matte. Angekommen. Egal, was

Ein Steg, eine Yogamatte - mehr braucht man nicht. Tipp für Regenschauer: Matte im Wartehäuschen ausrollen.

um einen herum passiert: Der Moment zählt. Stress gibt's im Alltag genug.

Outdoor-Yoga geht übrigens nicht nur im Sommer. Gerade im Herbst und Winter, wenn die Tage immer kürzer werden und das Licht immer knapper, kann man sich draußen mit neuer Energie aufladen. Selbst wenn der nieselige Herbstnebel über dem grauen See liegt: Augen zu und durch!

FAZIT: FRISCHE BODENSEELUFT EINATMEN – GLÜCKSELIGKEIT AUSATMEN: YOGA AM SEE IST DER ALLERBESTE STRESSKILLER.

Hin & weg: Barfuß zum Steg in Altnau (Hafenstraße), 5 Min. Fußweg vom Bahnhof Altnau.

Beste Zeit: Das geht immer! Im Winter einfach Thermoleggins, Jacke und Mütze tragen.

Dauer: So lange, bis die Energie fließt.

Ausrüstung: Nur eine Yogamatte und viel positive Energie.

TROPISCHE FOTOSAFARI

... im Schmetterlingshaus auf der Insel Mainau 

Regen? Nebel? Sturm? An grauen Tagen flüchten viele in die Therme oder in die Sauna. Doch es gibt noch einen heißen Tipp – das Schmetterlingshaus auf der Mainau. 30 Grad, 90 Prozent Luftfeuchtigkeit und tausend bunte Falter. Bei einer Fotosafari ist das trübe Winterwetter ganz schnell vergessen.

#heißerTipp #Flatterfalter #Klick

Einmal Dschungel und zurück: Im Glashaus auf der Mainau kommt man auch mitten im Winter ganz schön ins Schwitzen.

Ganz schön warm im Glashaus! Schnell raus aus der Jacke und die Kamera auspacken. Erst mal geht gar nichts: Die Linse der Kamera ist angelaufen. Kein Wunder, hier im Schmetterlingshaus herrscht subtropisches Klima.

Die Schmetterlinge lieben es so. Und sie brauchen es: Eine Nebelanlage sorgt dafür, dass die Luftfeuchtigkeit nie unter 65 Prozent fällt. Denn sonst trocknen die Schmetterlingslarven aus, die nebeneinander an einer Holzstange hängen. Wer Glück hat, kann live dabei sein, wenn sie sich aus dem Kokon befreien. Rund ein Drittel der tausend Schmetterlinge schlüpft übrigens aus Mainauer Eiern, der Rest kommt einmal pro Woche als Puppen per Post aus Afrika, Süd- und Mittelamerika, Asien oder England.

Nach etwa zehn Minuten hat sich die Kamera an die extremen Bedingungen gewöhnt. Die Fotosafari kann losgehen! Motive finden sich unter den bunten Faltern genügend. Die sind teilweise ganz schön neugierig. Schwupp, schon setzen sie sich auf bunte Rucksäcke oder Jacken.

Vor der Linse: flotte Falter und kleine Kröten. Mit etwas Geduld und dem richtigen Blick wird die Fotosafari ein echter Erfolg.

Das Schmetterlingshaus ist für viele Mainaubesucher der Höhepunkt eines Inseltags. Dementsprechend voll ist es in den Sommermonaten. Doch an einem grauen Wintertag kommen nur wenig Besucher auf die Blumeninsel. Gut fürs Fotografieren! Das ist allerdings gar nicht so einfach. Es flattert und wuselt überall, und es fehlt Licht. Da braucht die Kamera Unterstützung. Auf jeden Fall den ISO-Wert weit nach oben setzen. So sind kurze Verschlusszeiten drin und ein richtig scharfes Bild.

Die Schmetterlinge müssen allerdings ruhig sitzen, im Fliegen ist es fast unmöglich. Gut, dass es so viele Glasschalen mit Orangen und Bananen gibt. Hier sitzen die Flattertiere und saugen am Obst. Da! Der blaue Morphofalter. Eher unspektakulär braun, bis er seine Flügel aufspannt. Die leuchten in den schönsten Blautönen. Also schnell die Kamera raus – und abdrücken!

FAZIT: EIN HEIßER TIPP FÜR KALTE BODENSEETAGE! IM SCHMETTERLINGSHAUS AUF DER MAINAU FÜHLT MAN SICH WIE IN DEN TROPEN.

Hin & weg: Bus 4/13 fährt auf der Ringlinie von Konstanz aus das ganze Jahr über zur Mainau.

Beste Zeit: Grauer Wintertag.

Dauer: Das Schmetterlingshaus ist ganzjährig geöffnet. Öffnungszeiten und Preise gibt es auf www.mainau.de

Ausrüstung: Kamera, wer hat, mit Festbrennweite oder Makroobjektiv.

DRAUßEN NUR PFÄNNCHEN

... bei der Nachtwanderung rund um Romanshorn

Tagsüber wandern kann ja jeder! Diese Tour startet erst so richtig durch, wenn es draußen dämmert. Mitten im Wald gibt's dann ein leckeres Raclette – und zwar im Fackelschein. So wird die kleine Wanderung zum Wasserreservoir bei Romanshorn zum ganz großen Abenteuer.

#Raclettetogo #nachtsimWald #mitallenSinnen

→ ABSTECHER ...

Raclette ist durch und durch Schweiz. Und das Nationalgericht schmeckt draußen im Wald noch viel besser.

Es zischt im Pfännchen. Der Raclettekäse läuft hier draußen im Wald zur Höchstform auf. Im doppelten Pfännchen schmilzt der Käse innerhalb von Sekunden: Das Raclettepfännchen liegt in der Campingpfanne, die steht auf dem Gaskocher. Perfekt!

Raclette ist 100 Prozent Schweiz. Und diese Outdoorvariante kommt ziemlich nah ran ans Original. Klosterschriften überliefern, dass Wilhelm Tell schon 1291 »Bratchäs« genossen hat. Der Käse wurde damals am offenen Feuer geschmolzen und die weiche Masse nach und nach auf einen Teller abgestreift.

Teller gibt's heute nicht, auch keine Kartoffeln, die eigentlich typischerweise im Thurgau zum Raclette gehören. Zu viel Gepäck auf der

Abendstimmung im Wald: Sobald die Sonne untergegangen ist, wird es schnell richtig dunkel. Zum Glück sind die Fackeln im Gepäck.

einstündigen Wanderung zur Sonnenuntergangszeit vom Bahnhof in Romanshorn über den Uttwiler Weiher bis hierher zum Grillplatz am Wasserreservoir. Der weiche Käse wird direkt aufs geröstete Brot gestreift, Essiggurke und Silberzwiebel drauf – fertig. Das schmeckt so gut, dass das Pfännchen direkt wieder beladen wird.

Erst den Bratchäs brutzeln, dann die Fackeln an und im Feuerschein zurückwandern. Das ist doch mal ein echtes Abenteuer!

Keine Angst, auf dem Rückweg werden die Käsekalorien wieder verbrannt. Doch bevor die Nachtwanderung startet, noch eine Runde ums Lagerfeuer sitzen. Feuerholz gibt es an der Grillstelle, so gehört es sich nämlich in der Schweiz.

Danach heißt es nicht lange fackeln: Im Feuerschein geht es rüber zum Wasserreservoir. Das sieht im Dunklen fast aus wie ein Gespensterschloss. Ein guter Start für die Nachtwanderung, zurück auf dem Wanderweg bis Romanshorn.

Jetzt ist es richtig dunkel hier im Wald, eine ganz andere Atmosphäre als auf dem Hinweg in der Dämmerung. Alles wirkt viel geheimnisvoller. Auf die Augen kann man sich nicht wirklich verlassen. Dafür sind alle anderen Sinne aktiviert. Ein Waldkauz ruft, ein Tier läuft durchs Gestrüpp, der Wind streift durch die Bäume, Blätter rascheln unter den Füßen. Es riecht nach feuchtem Waldboden und nach Fackelfeuer.

Im Fackelschein geht es langsam vorwärts. Über den Bäumen funkeln die ersten Sterne. Wow! Und falls der Himmel bewölkt ist und Nebel vom Bodensee heraufzieht? Auch super! Bei so einer Atmosphäre wird die Nachtwanderung unvergesslich. Nach 20 Minuten geht es hinaus aus dem Wald. Zurück in die Zivilisation. Jetzt leuchten die elektrischen Lichter den Heimweg.

FAZIT: RUNTER VOM SOFA – REIN IN DEN WALD. EINE NACHTWANDERUNG IST IMMER EIN ABENTEUER UND EINFACH DIE PERFEKTE ABWECHSLUNG ZUM ALLTAG.

Hin & weg: Mit Schiff oder Bahn nach Romanshorn, dann zu Fuß auf dem ausgeschilderten Wanderweg über Uttwiler Weiher zum Grillplatz am Wasserreservoir.

Beste Zeit: Herbst, vor allem wenn man mit Fackeln wandern will. Im Sommer ist der Wald meist zu trocken.

Dauer & Strecke: 2 Std. reine Wanderzeit, 4,6 km.

Ausrüstung: Kocher, Pfanne, Raclettepfännchen; Käse, Brot, Gurken und Zwiebeln für das Raclette; Fackeln oder Taschenlampe für den Rückweg. Und natürlich warme Kleidung.

→ ABSTECHER …

EIS, EIS, BABY!

… beim Schlittschuhlaufen in Hard

#22

Der Bodensee friert nur alle 60 Jahre zu. So lange muss aber niemand warten! Egal, wie die Temperaturen auch sind: In Hard bei Bregenz kann man ab Ende Oktober Eislaufen. Und zwar an der frischen Luft – direkt neben dem See.

#Eiszeit #Wintertraum #aufKufen #LustaufEis

Elegante Eiszeit auf Kufen. Und wer die Pirouetten noch üben muss, findet hier die richtigen Hilfsmittel.

In Hard sind alle heiß aufs Eis. Auf der großen Fläche am Harder See treffen sich gern Jung und Alt. Anfänger und Profis. Eiskunstläuferinnen und Eishockeycracks.

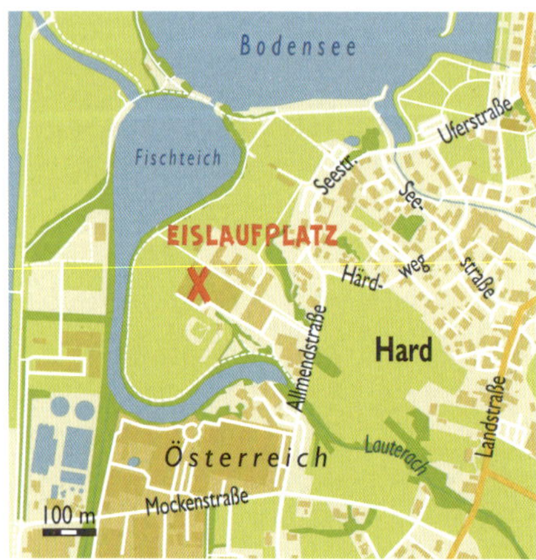

Jedes Jahr von Ende Oktober bis Anfang März kann man auf dem Harder Eislaufplatz seine Runden auf zwei Kufen drehen. Damit die Eiszeit auch so richtig viel Spaß macht, lässt man die hier auch direkt schleifen. Und wer keine eigenen Schlittschuhe hat, leiht sich einfach welche aus.

Ganz egal, ob schnelle Runden drehen oder lieber gemütlich Hand in Hand übers Eis schlittern: Hier gibt's genügend Platz. Und selbst wenn es regnet oder schneit, bleiben alle trocken. Der Harder Eislaufplatz ist nämlich überdacht. Trotzdem kann man viel frische Luft tanken und den Blick auf den Sonnenuntergang genießen.

1963 fror der Bodensee das letzte Mal vollständig zu. Nur 33 »Seegfrörne«, so nennen

Paarlauf macht nicht nur Spaß, sondern ist im Sonnenuntergang auch ganz schön romantisch.

die Einheimischen das Ereignis, sind seit dem Jahr 875 überliefert. Der flache Untersee friert öfter zu, aber dass sich auch eine geschlossene Eisdecke auf dem riesigen Obersee bildet? Sensationell! Zehntausende strömten in den 1960er-Jahren über das glatte Eis – aus Österreich, Deutschland und der Schweiz. Mit Schlittschuhen, mit Pferden oder sogar mit Autos.

Auf dem Harder Eislaufplatz ist weniger Rummel. Gemütlich drehen Eisläufer hier ihre Runde und Pirouetten. Wer etwas mehr Action mag, kann sich sogar eine Eishockeyausrüstung mieten. Wie Eishockey richtig geht, zeigen hier abends die »Haie« des EHC Hard. Nachmittags gehört das Eisfeld aber den Eisläufern. Also weiter übers Kunsteis schlittern. Und von der nächsten Seegfrörne träumen …

FAZIT: SCHLITTSCHUHLAUFEN BEI JEDEM WETTER UND OHNE DIE GEFAHR EINZUBRECHEN – DER EISLAUFPLATZ IN HARD MACHT'S MÖGLICH.

Hin & weg: Eisplatz Hard, Seestraße 60.

Beste Zeit: Ende Oktober bis Anfang März, täglich ab nachmittags, teilweise auch vormittags (Infos und Preise auf www.hard-sport-freizeit.at). Am Wochenende gibt's ein Café mit Blick aufs Eis.

Dauer: Bis die Pirouetten sitzen.

Ausrüstung: Schlittschuhe, die können aber auch ausgeliehen werden. Wer möchte, bekommt sogar eine komplette Eishockeyausrüstung.

2. KAPITEL AUSFLÜGE

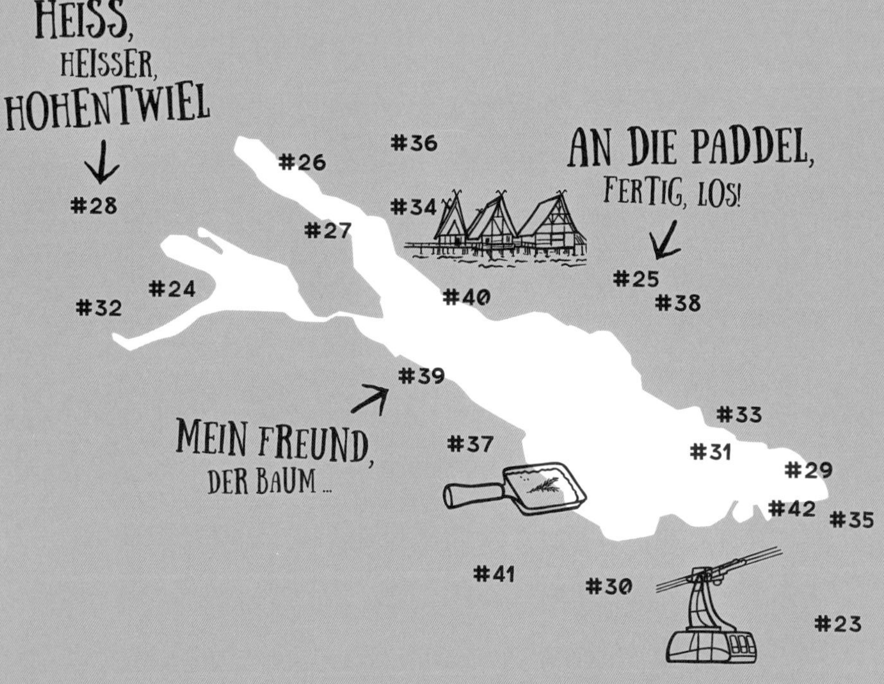

Raus für einen Tag

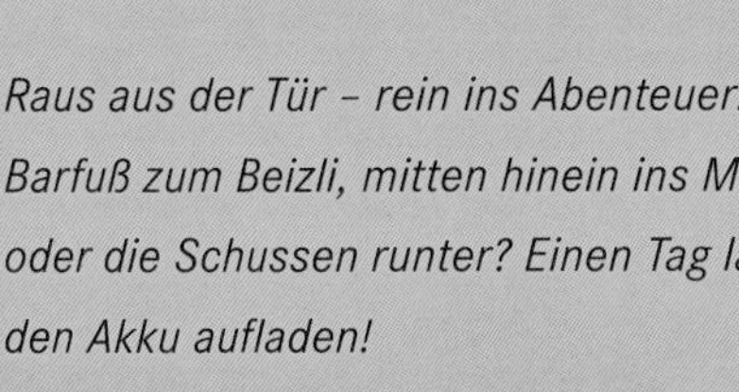

Raus aus der Tür – rein ins Abenteuer! Barfuß zum Beizli, mitten hinein ins Moor oder die Schussen runter? Einen Tag lang den Akku aufladen!

12H

WILD-WASSER

… in den Schluchten bei Dornbirn

Was für ein Canyon! Wer hoch oben über der Rappenlochschlucht steht und in die Geröllmassen blickt, wird von der dramatischen Schönheit magisch angezogen. Enge Wege, tosende Wasserfälle und gewaltige Felsen: Wandern durch diese zwei Schluchten ist ein Abenteuer.

#dramatischgut #StegeundFelsen #amAbgrund

Das Abenteuer beginnt gemütlich am Rande des kleinen Ortes Gütle bei Dornbirn. Hier scheint die Zeit stehen geblieben zu sein. Eine Bushaltestelle, ein Gasthaus, ein Rolls-Royce- und ein Krippenmuseum. Und dann dieses Rauschen … Das wilde Wasser der Ache hört man schon von Weitem. Es hat hier in der Region Vorarlberg jahrhundertelang tiefe Schluchten in den harten Kalkstein geschliffen. Ein paar Minuten sind es bis zum Einstieg in die Rappenlochschlucht, raus aus der Idylle, rein ins Abenteuer. Ohne Guide, nur auf Stegen und Wegen entlang der Ache.

Bei der Brücke am Kiosk geht's zum ersten Wasserfall. Gischt liegt in der Luft. Kapuze hoch – und weiter. Im Sommer ist die Schlucht wie eine Klimaanlage. Dann teilt man sie sich aber auch mit vielen Touristen. Im Frühjahr und im Herbst ist es zwar ein bisschen ungemütlich, aber auch viel einsamer.

Der Pfad führt immer tiefer in die Schlucht, am Wasser und am Fels entlang. Seit 1896 kann man die Rappenlochschlucht bezwingen. Damals wurde der Staufensee angestaut, um Strom für Dornbirn zu gewinnen. Jemand musste täglich den Wasserfluss kontrollieren, also wurde der Steig in den Fels gehauen.

Plötzlich endet der Weg – vor einer Wand aus Fels und Geröll. Wie gewaltig die Natur-

Idylle am Staufensee, Abenteuer in der Schlucht: Über Treppen, Stege und Felsen führt der Pfad, immer tiefer zwischen dunkle Felswände. Diese Tour zieht magisch an.

kräfte sind, spürt und sieht man hier in dieser dunklen Sackgasse. 2011 riss ein Felssturz die Rappenlochbrücke in die Tiefe. Seither sind der frühere Pfad und der Tunnel versperrt. Heute führt der Weg hoch oben am Rand der Schlucht entlang. Dramatisch schön ist der Blick vom Steg in die tiefe Schlucht. Es kribbelt leicht im Magen, vor allem wenn man daran denkt, wie hier Brücke und Felsen hinabdonnerten. Wer Höhenangst hat, geht besser schnell weiter. Alle anderen genießen den Blick.

Nun ist es nicht mehr weit bis zum Staufensee. Anschließend gemütlich am Stausee entlangspazieren bis zum Kraftwerk Ebensand. Das Kraftwerk ist nach mehr als 100 Jahren immer noch in Betrieb und liefert den Strom für Dornbirn.

Eine kurze Jause am Kiosk und weiter in die Alplochschlucht. Viele lassen sie aus. Was für ein Fehler! Denn der zweite Teil ist noch ruhiger und enger. Auf dem Holzsteg steigt man in die dunkle Schlucht. Rechts und links wachsen die Felswände in den Himmel. Wie klein fühlt man sich hier ...

Nach einer halben Stunde endet das Schluchtenabenteuer an der Ebniter Straße. Wer noch mehr sehen will, steigt in rund 30 Minuten bis zum Kirchle. Dahinter verbirgt sich eine trockengelegte Klamm, durch die man spazieren kann. »Kraftort« sagen die einen, »Naturdenkmal« sagen die anderen. Auf jeden Fall ein kleiner Geheimtipp! Zurück geht's mit dem Bus – oder noch mal durch die Schlucht. Von manchen Abenteuern kann man ja einfach nicht genug kriegen.

FAZIT: DRAMATISCH GUT! UND DAZU NOCH VOLLE PUNKTZAHL FÜR DEN ABENTEUERFAKTOR.

Hin & weg: Mit Landbus 177 von Dornbirn Hbf. bis Gütle, zu Fuß durch die Schluchten bis zur Bushaltestelle Alploch/Schmitte, zurück bis Gütle bzw. Dornbirn (stündliche Verbindung, am besten vorher checken).

Beste Zeit: Frühling oder Herbst, dann ist es hier am ruhigsten. Die Schluchten sind von April bis November geöffnet.

Dauer & Strecke: 1,5 Std., 2,5 km (eine Richtung), kann erweitert werden bis zum Kirchle und kombiniert werden mit einer Busrückfahrt.

Ausrüstung: Feste Schuhe, es kann schon mal rutschig werden.

LEBENDIGE BILDER

… beim Kunstwandern auf der Höri

Die Landschaft der Höri ist malerisch schön. So paradiesisch, dass es Otto Dix fast schon zu viel wurde. Beim Kunstwandern entdeckt man seine Spuren – und die der Höri-Künstler. Keine Angst: Auch wer sich sonst nicht in Galerien rumtreibt, kann sich hier inspirieren lassen. Von der Kunst und der Natur.

Mit Hesse startet die Kunsttour. Und dann von Stele zu Stele. Und von Künstler zu Künstler. So kommt man dem Zauber der Höri ganz nahe.

Acht Stelen sind auf dieser Kunstwanderung zwischen Gaienhofen und Öhningen versteckt. Sie leiten einen kreuz und quer durch die hügelige Höri-Landschaft. Und zu Orten, an denen berühmte Maler wie Otto Dix lebten, liebten und arbeiteten.

Das Spannendste sind die Stelen selbst. Sie stehen genau an den Orten, an denen die Kunstschaffenden kreativ waren. Hier wird jeder selbst zum Künstler: Ein Blick durch das offene Viereck in der Stele, schon entsteht ein lebendiges Bild. Und das zeigt genau den Ausschnitt, den der Maler damals in seinem Werk festgehalten hat. Das Ergebnis kann jeder sehen: Eine Abbildung des fertigen Kunstwerks ist auf der Stele abgedruckt. Und selbst wenn Tageszeit, Jahreszeit, Licht und Umgebung anders sein sollten als im Original – es macht Spaß, für einen kurzen Moment in die Künstlerwelt abzutauchen.

Erst die Landschaft genießen, dann ein schönes Plätzle am See. Die Kunst zu leben – auf der Höri ziemlich einfach.

Schon immer zog die Höri Maler, Schriftsteller, Dichter und Denker magisch an. Und so führt die Kunstwanderung auch zu Künstlerhäusern, Ateliers und Museen. Der Weg beginnt im Hesse-Museum in Gaienhofen. Hierhin zog es den berühmten Schriftsteller Hermann Hesse 1904. Ein Blick ins Museum lohnt sich. Denn hier hängen die Originalbilder der Höri-Maler, welche man unterwegs entdecken kann.

45 Minuten und vier Stelen weiter landet man im zweiten Kunstmuseum in Hemmenhofen. Als Otto Dix 1933 mit der Machtergreifung der Nationalsozialisten seine Professur an der Dresdner Kunstakademie verlor, zog er mit seiner Familie an den Bodensee. »Die Höri ist ein Paradies«, sagte der Maler, »zum Kotzen schön.« Und doch blieb er. Mehr als 30 Jahre. Bis zu seinem Tod. Von seinem Haus in Hemmenhofen hat man einen traumhaften Blick auf den See. Durch den Garten darf jeder flanieren, die Aussicht genießen, sich ausruhen. Wer möchte, spaziert danach im Museum durch das frühere Wohnhaus der Familie Dix. Hier entstanden viele Werke.

Besonders nahe kommt man Otto Dix an seinem Lieblingsplatz unten am Seeufer. Die Stele zeigt ein Schwarz-Weiß-Foto. Da sitzt er, mit Hut und Angel. Am besten das Gleiche machen wie der Künstler: sich auf die Mauer setzen und den Moment genießen.

Und danach mit der Fähre raus aufs Wasser und zurück nach Gaienhofen. Die Wellen, der Wind, die Weite, das Licht. Spätestens hier versteht man, was Otto Dix gemeint hat.

FAZIT: DIE HÖRI VERZAUBERT JEDEN. SELBST KULTURMUFFEL.

Hin & weg: Start und Ziel ist das Hesse-Museum Gaienhofen. Im Gästebüro gibt's Flyer mit Wegbeschreibung. Nach Gaienhofen mit dem Höribus (Linie 7368, Haltestelle Rathaus/Gästebüro) von Radolfzell oder ab Konstanz mit dem Schiff.

Beste Zeit: Immer außer montags/dienstags, da haben die Museen zu (Infos und Öffnungszeiten auf www.hesse-museum-gaienhofen.de und www.museum-haus-dix.de).

Dauer & Strecke: 2–3 Std. Kunstspaziergang, 8 km. Mit Museen und Rastplätzen locker einen Tag.

Ausrüstung: Literatur, z. B. Hermann Hesses »Bodensee – Betrachtungen, Erzählungen, Gedichte«. Oder die Staffelei.

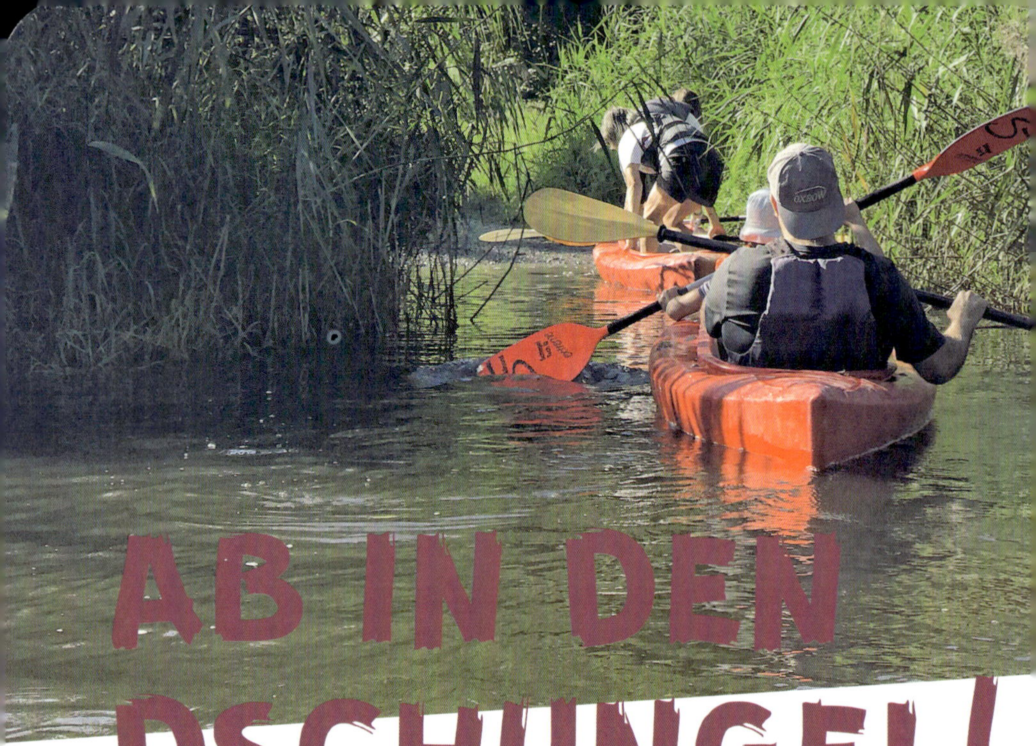

AB IN DEN DSCHUNGEL!

… bei einer Kajaktour auf der Schussen

#25

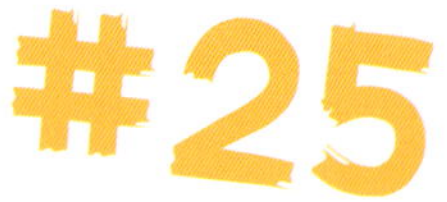

Libellen schwirren einem um den Kopf. Und ab und zu muss man den ganz schnell einziehen, um nicht in den Bäumen zu landen – oder im Wasser. Im Kajak auf der Schussen von Kehlen bis Eriskirch fühlt man sich fast wie im Urwald. Das Ziel liegt flussabwärts, das Eriskircher Ried.

#abinsBoot #Dschungeltour #Paddelabenteuer

Immer im Fluss: Die Kajaktour auf der Schussen ist ein großes Paddelabenteuer, vor allem im Sommer.

Ganz schön grün ist es hier. Echtes Dschungelfeeling. Büsche und Sträucher wachsen dicht am Ufer und viele Äste der Bäume sogar bis ins Wasser. Also immer auf der Hut sein, bevor das Kajak samt Crew noch mitten im Grünzeug landet.

Das Manövrieren mit den Doppelpaddeln klappt erstaunlich gut, selbst bei Anfängern. Wichtiger Tipp: immer schön die Knie an den Kajakrand drücken – und schnelle Bewegungen vermeiden. Sonst landet man ganz schnell im sumpfig braunen Wasser.

Der kippeligste Moment ist der Einstieg, oben an der Brücke in Kehlen. Gut, dass der Mitarbeiter vom Kajakverleih dabei ist. Er hilft beim sicheren Ablegen und gibt wichtige

Wichtigstes Manöver: Anlegen an der Sandbank. Eine Pause am Ufer muss einfach sein. Und danach ablegen, und zwar ohne zu kentern.

Tipps und Tricks zum kenterfreien Paddeln auf der Schussen.

Doch nach ein paar Metern ist die erste Anspannung weg. Läuft ja easy! Also ganz entspannt weiter durch den Dschungel. Da! Eine türkisfarbene Riesenlibelle, direkt gelandet auf der Kajakspitze. Schnell das Smartphone aus der wasserdichten Tonne fischen – und abdrücken! Schon ist die Libelle weg.

Nach der nächsten Biegung die nächste Überraschung: Das Wasser wird schneller. Da vorne herrscht richtig Strömung. Jetzt wird es spannend. Wie war das noch mal vorhin mit den Tipps? Auf keinen Fall auf den großen Stein paddeln, sonst kippt das Kajak. Das Adrenalin steigt. Volle Kraft voraus – und rechts vorbei. Das Wasser spritzt. Die Crew jubelt. Yeah, geschafft!

Eine Kajaktour auf der Schussen ist ein Erlebnis. Keine Partygruppen, nur Natur. Und auch wenn mehrere Kajaks nacheinander starten, ist doch jeder allein und in seinem eigenen Tempo unterwegs.

Die Schussen ist kein Wildfluss, sondern fließt in der Regel ruhig dahin. Das Revier ist perfekt für Paddelanfänger. Und die Strecke mit 13 Kilometern eine entspannte Halbtagestour. Da bleibt Zeit für eine Pause. Nächstes Manöver: Anlegen an der Sandbank.

Kurz vor der Mündung in den Bodensee kommt noch ein Highlight: das Eriskircher Ried. Wer Glück hat, sieht vom Kajak aus Eisvogel, Schwarzmilan oder Haubentaucher. Um die Vögel zu schützen, darf niemand das Ufer betreten. Macht nichts, die Paddeltour ist sowieso zu Ende. Nur noch unter der wunderschönen Holzbrücke in Eriskirch durch und dann anlegen und aussteigen. Platsch! Mitten im Schilf gekentert.

Manch einer merkt ganz am Ende: Der kippeligste Moment ist doch nicht das Einsteigen, sondern das Aussteigen! Im besten Fall warten die Ersatzklamotten im Anhänger. Und falls nicht: Bis Kehlen ist sicher wieder alles getrocknet. Auf der Rückfahrt mit dem Rad durch das Eriskricher Ried übernimmt das der warme Sommerwind.

Unter der Eriskircher Holzbrücke hindurch Richtung Ziel. In der Gruppe macht die Paddelei richtig viel Spaß. Und ab und zu fährt sogar ein blinder Passagier mit.

FAZIT: DIESE KAJAKTOUR IST WAS FÜR EINZELPADDLER, FAMILIEN UND SOGAR AUSFLÜGE IN DER GRUPPE. AUF DER SCHUSSEN TAUCHEN ALLE EIN IN DIE NATUR.

Hin & weg: Mit Rad und/oder Auto nach Kehlen, die Einstiegsstelle ist an der Brücke über die Schussen. Im Kajak geht's bis zur Holzbrücke bei Eriskrich. Wer möchte, radelt zurück – eigene Räder werden zum Ziel transportiert, oder man leiht sich welche samt Kajak (www.baumhauer-verleih.de).

Beste Zeit: Im Sommer, die Tour ist möglich von Donnerstag bis Samstag. Wer individuell paddelt, kann natürlich jederzeit loslegen.

Dauer & Strecke: 2,5 Std., 8,5 km Paddeltour, zurück mit dem Rad.

Ausrüstung: Wer hat, Wasserschuhe einpacken, Wechselklamotten auch, ggf. Fahrrad.

HIGH FIVE

… Rundwanderung zu den Churfirsten bei Sipplingen

Fünf Männlein steh'n im Walde ganz still und stumm. Wenn sie nur sprechen könnten! Dann würden sie jedem erzählen, dass sie einmal viel mehr waren. Mindestens sieben. Vielleicht sogar 18. Wind und Regen haben den Sandsteinmännlein zugesetzt. Doch noch sind sie da – also schnell auf in den Wald.

#Waldmännlein #BigFive #echteSteinzeit

Tolle Aussichten: Zwischen den Bäumen über Sipplingen taucht der Bodensee auf.

Der Weg zu den Churfirsten von Sipplingen ist zwar eigentlich kurz, aber es gibt viel zu entdecken. Die Burghalde am Ortsausgang zum Beispiel. Sie liegt auf einem steilen Felskegel hoch über Sipplingen.

Ein steiler Zickzackpfad führt hinauf – und der Blick auf den Bodensee wird immer besser. Die Churfirsten müssen warten. Erst mal auf das Panoramabänkle setzen und die Sicht genießen. Und oben im Wald natürlich die Reste der Burg entdecken, bevor es in Serpentinen hinabgeht.

Auch der Waldweg verzaubert. Dicht stehen die Bäume, Tannenzapfen liegen auf dem Weg. Es riecht herrlich nach feuchter Erde. Ganz tief durchatmen und dann raus aus dem Wald und weiter auf dem Landwirtschaftsweg. Die Churfirsten warten!

Dann ein Schild: schnell rechts abbiegen und in den Wald hinein. Nur ein paar Minuten später stehen sie da – wie die Männlein im Walde. Eins, zwei, drei, vier, fünf Felstürme. Bis zu sieben Meter sind sie hoch. Alle haben Mützen auf dem Kopf. Zum Glück, sonst wären sie

Ein Blick zwischen den Felsentürmen hindurch und dann weiterwandern. Die Gegend rund um Sipplingen hat noch viel mehr zu bieten als die Churfirsten.

wohl gar nicht mehr hier. Ihre Mützen sind aus einer härteren Sandsteinschicht und schützen den Rest der weichen Sandsteintürme vor Regen, Wind und Erosion. Allerdings nicht bis in alle Ewigkeit. Vor hundert Jahren soll es hier im Wald 18 Sandsteinmännlein gegeben haben. Vielleicht waren es sogar noch viel mehr. Was passiert, wenn das Wasser stärker ist,

Ein Sommertraum: Bunte Blumen blühen am Wegesrand. Bergauf kann es schon mal steil werden, also ja keine Flipflops anziehen, sondern Wanderschuhe.

zeigt Männlein Nummer sechs – oder das, was von ihm noch übrig ist.

Es ist ein besonderer Platz, diese ruhige Lichtung mitten im Wald. Also hochkraxeln zu den Churfirsten, den Fels berühren, zwischen den Säulen hindurchschauen. Und dann weiterziehen, denn die Churfirstentour ist noch lange nicht zu Ende.

Weil der Hödinger Tobel bis auf Weiteres gesperrt ist, geht es ein Stück zurück Richtung Burghalde und dann rechts hinauf in den Wald. Das nächste Ziel: der Aussichtspunkt Zimmerwiese. Von hier hat man einen schönen Blick auf den See und die sieben Churfirsten. Nein, nicht die Männlein im Wald, das sind ja nur fünf, sondern die Bergspitzen drüben im schweizerischen Toggenburg. Die heißen genauso.

Auch die Schweizer haben es schwer mit dem Zählen. Je nach Wetterlage kommt man auch auf 13 Berggipfel. Zeit zu zählen ist jetzt genug, hier oben gibt es nämlich auch eine schöne Grillstelle. Und nach der Pause geht es dann immer weiter entlang der Hangkante bis zum Haldenhof.

Für manche ist das die schönste Aussicht auf den See. Die schönste Biergartenaussicht ist es sicherlich. Erst mal stärken nach dem Aufstieg – mit Kuchen und Kaffee. Und wer von der Aussicht nicht genug bekommen kann, bleibt einfach bis zum Vesper. Und wer richtig schön mit Blick auf den See abendessen will, der steigt hinab nach Sipplingen und kehrt am Ufer im Restaurant Seehaus ein.

FAZIT: SIE STEHEN MITTEN IM WALD – UND SIND RICHTIG SKURRIL. DIESE MÄNNLEIN SIND DIE WANDERUNG WERT, UND WIE!

Hin & weg: Mit der Bodenseegürtelbahn bis nach Sipplingen, die Rundwanderung startet direkt am Bahnhof. Immer den Schildern nach, erst Richtung Burghalde, dann zu den Churfirsten und weiter zum Haldenhof.

Beste Zeit: Trockenes Wetter, vor allem der Aufstieg zur Burghalde kann rutschig werden.

Dauer & Strecke: 8,5 km, 3 Std. reine Wanderzeit. Am Wegrand liegen gute Einkehrmöglichkeiten und tolle Vesperplätze.

Ausrüstung: Feste Schuhe, Picknick oder Grillwürstle & Co.

AB AUFS LAND

… Schiffstour von Konstanz bis Dingelsdorf

#27

Die Lust aufs Landleben nimmt immer mehr zu. Viele gestresste Stadtmenschen träumen davon, mal wieder rauszukommen und abzuschalten. In Dingelsdorf ticken die Uhren anders. Von wegen Langeweile und so: Wer sich auf diese Landpartie einlassen kann, erlebt einen tollen Tag ohne Lärm und Hektik.

#abaufsLand #einTagAuszeit #Treibenlassen

Ahoi! Ein Segeltörn ist was für echte Seebären. Wer sich lieber schippern lässt, geht an Bord der MS Schwaben.

Es tutet. Die MS »Schwaben« legt an. Das Herzstück der Weißen Flotte und ein echter Klassiker, sagen Schiffsliebhaber. Nach rund 90 Minuten an Bord ist jeder ein bisschen verliebt in diese Grand Dame. Auch wenn man bei Damen eigentlich nicht übers Alter spricht: Sie ist Baujahr 1937. Wer in ihren Bauch schaut, staunt: blauer Samt, senfgelbe Töne, ein Salon im modernen Design – und doch im Stil der 1930er-Jahre.

Oben an Deck hat man den besten Blick und den Wind in den Haaren. Von Konstanz über Meersburg zur Insel Mainau und nach Dingelsdorf. Wer den langen Landesteg überquert, der landet in einem Stadtteil von Konstanz, aber doch in einer anderen Welt. Hier geht es gemütlich zu. Echtes Landleben eben.

Halb zwölf, die Kirchenglocken von St. Nikolaus schlagen. Warum nicht erst mal hochstei-

Wenn ich den See seh: Dort oben, über den Dächern von Dingelsdorf, muss der Blick genial sein. Also nichts wie rauf zur Nikolauskirche.

gen? Oben von der Mauer am Friedhof blickt man über den Überlinger See. Wie schön! Einfach mal frische Landluft einatmen und das Seeleben beobachten. Kein Wunder, dass das Kirchlein dem heiligen Nikolaus geweiht ist, dem Schutzpatron der Seefahrer. Unten auf dem Wasser kreuzen die Segelboote gegen den Wind, die Wellen schlagen ans Ufer. Wenn die Kirchentür offen ist: einfach reingehen und die Ruhe genießen.

Und danach? Eine richtige Landpartie lebt vom Müßiggang. Vom Sichtreibenlassen. Ein bisschen spazieren ist aber auch erlaubt. Zum Beispiel zum Fuchshof. Zwischen Feldern und Obstplantagen flaniert man auf einem kleinen Höhenweg parallel zum Ufer des Sees in Richtung Litzelstetten.

Der Fuchshof ist ein Obstbaubetrieb und liegt wunderschön auf dem Bodanrück. Der Hofladen ist was fürs Auge und fürs Herz: Hier gibt es Früchte und Gemüse, Brot und Marmelade, Weine und vieles mehr. Ab Ende Mai kann man sogar selbst ernten – und zwar auf dem Erdbeerfeld. Frischer geht's nicht. Danach gibt's als Stärkung Kaffee und Kuchen aus der Hofbackstube.

Weiter geht's zum Bodenseeufer. Dem berühmtesten Dingelsdorfer wurde an der Seeuferanlage ein Denkmal gesetzt. Ein Fährmann mit Mütze und Mantel, die Einheimischen nannten ihn den »Alten vom See«. Klemens Baumann betrieb bis 1888 die Fährverbindung zwischen der Klausenhorn-Spitze und Überlingen. Bei Wind und Wetter setzte er mit seinem Boot über den See, gut 50 000-mal, und rettete in seinem Leben 17 Menschen aus Seenot.

An heißen Tagen ist der beste Treffpunkt der Landessteg. Hier nehmen die Einheimischen ein Bad: die Senioren neben den Booten, die Teenies vorne am Häuschen. Direkt am Anleger sitzt man im Schatten unter alten Kastanienbäumen und beobachtet das Treiben – oder macht einfach mit.

Wer sich die Füße nicht nass machen will, bestellt im Gasthaus Seeschau eine kühle Limo. Und wartet im Schatten der alten Kastanienbäume. Es tutet. Die MS »Schwaben« legt an. Alle Mann an Bord und ab nach Hause!

Birnau im Blick: Beim Spaziergang übers Land ist das Panorama inklusive. Und nach all dem Müßiggang darf man sich dann gerne etwas bewegen – am besten auf dem Obstfeld.

FAZIT: GEHEIMTIPP! RAUS AUS DER STADT, REIN INS LANDLEBEN. DIE TOUR IST WAS FÜR ALLE, DIE RUHIGE TAGE LIEBEN!

Hin & weg: Mit dem Schiff von Konstanz über Meersburg und die Mainau bis nach Dingelsdorf.

Beste Zeit: Ein schöner Sommertag.

Dauer & Strecke: Spaziergang 5 km hin und zurück, 1,5 Std., kann nach Lust und Laune verlängert werden.

Ausrüstung: Fernglas für die Bootsfahrt, Korb fürs Erdbeerenpflücken und Badesachen für die Abkühlung.

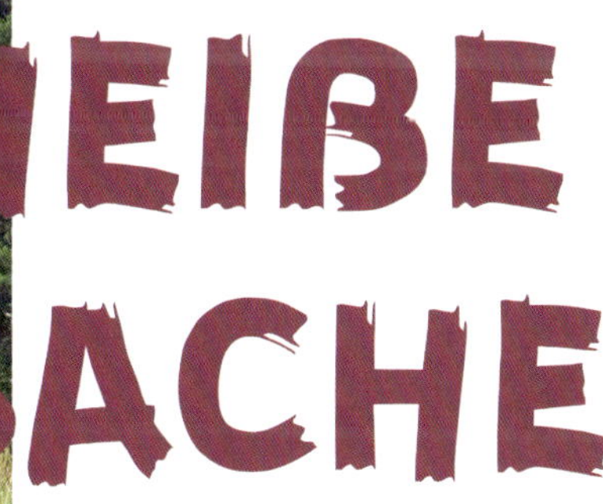

Erst mal muss man ihn bezwingen, den »Hontes«, wie man in Singen liebevoll sagt. Den steilen Weinberg geht es hinauf auf die Spitze des einstigen Vulkans. Und auch wenn der schon lange erloschen ist: Wandern auf dem Hohentwiel ist immer noch eine ziemlich heiße Sache.

#KönigderVulkane #Hontes #FeuerundEis

Exotische Pflanzen und steile Vulkanhügel: Die Wanderung rund um den Hohentwiel ist was für Entdecker. An heißen Tagen fühlt man sich hier fast wie auf einer Vulkanexpedition.

Vom Bahnhof geht's durch die Stadt, immer Richtung Hohentwiel. Der Aufstieg hinauf zum Hontes ist steil und mühsam, vor allem an einem heißen Sommertag. Die Sonne brennt vom Himmel, und auf dem höchsten Weinberg Deutschlands gibt's kein bisschen Schatten. Doch das Schwitzen lohnt sich, denn so ein steiler Vulkankegel hat einen großen Vorteil: Man ist schnell hoch oben! 270 Meter über der Stadt ist die Aussicht gigantisch. Hegau und Bodensee liegen einem zu Füßen. Und das Häusermeer von Singen. Der Hohentwiel ist der

Heiß, heißer, Hohentwiel: Auf dem König der Hegau-Vulkane wachsen besondere Pflanzen. Das Klima hier ist was für echte Sonnenanbeter.

König der Hegau-Vulkane. Und seit mehr als tausend Jahren thront auf seiner Spitze die Festung Hohentwiel. Oder das, was von ihr noch übrig ist: Um 1800 ließ Napoleon die mächtige Anlage zerstören. Trotzdem wirkt die größte Burgruine Deutschlands wie ein Magnet.

Heute geht es erstmal nicht rein in die Burganlage, sondern auf dem Vulkanpfad einmal rundherum. Der startet am alten Hofgut, von dort immer den Schildern mit den Vulkanen nach bis ins Naturschutzgebiet. Heißer Tipp: Ein neuer Audioguide weist den Weg. Und ganz nebenbei erfährt man so mehr über die Vulkanzeit.

Im Hegau wandert man zwischen vielen Vulkanbergen. Die nächsten sind nur ein paar Kilometer weit entfernt: Hohenkrähen, Staufen, Mägdeberg. Vor etwa neun Millionen Jahren gab es hier unterirdische Vulkane. Riesige Mengen Magma wurden nach oben gedrückt und erstarrten im Vulkanschlot. In den folgenden Jahrmillionen schliffen Wasser und Wind alles ab. Der harte Kern aus Phonolith, »Klingstein« genannt, blieb zurück – deshalb ragen hier so viele steile Felsen in die Landschaft.

Selbst an Tagen, an denen die Sonne brennt, ist Wandern auf dem Vulkanpfad ein Genuss. Hier gibt's so viel zu entdecken. Seltene Orchideen beispielsweise oder mittelalterliche Kräuter wie den Ysop. Eidechsen verstecken sich in den schroffen Felswänden. Bunte Schmetterlinge flattern einem um den Kopf. Der Weg führt weiter durch Wald, Wiesen und Weinberge zur Karlsbastion. Hier kann man einen Abstecher in die Burgruine machen (Tickets vorab kaufen im Infozentrum!). Der heiße Tanz auf dem Vulkan endet entspannt: Zurück nach Singen geht's nur noch bergab.

FAZIT: GANZ HEIßER TIPP! DIESE TOUR FÜHRT DURCH HERRLICHE NATUR ZURÜCK INS ZEITALTER VON FEUER UND EIS.

Hin & weg: Mit dem Zug nach Singen, Start der Rundtour ist am Bahnhof. Von dort geht's hinauf zur Domäne Hohentwiel, dort startet der Vulkanpfad.

Beste Zeit: Als heiße Vulkantour im Sommer, geht aber immer.

Dauer & Strecke: 3 Std., 8,5 km auf dem Vulkanpfad (Rundweg).

Ausrüstung: Picknick, Fernglas und Bestimmungsbuch für Insekten und Vögel, denn hier fliegt so einiges durch die Luft. Vulkanpfad-Flyer und Tickets für die Festung gibt's im Infozentrum (www.festungsruine-hohentwiel.de), den Vulkan-Audioguide in der kostenlosen Lauschtour-App.

AUSZEIT AUF STELZEN

… in der Mili in Bregenz

#29

Wenn die Holztür offen steht, dann ist Mili-Zeit. Das alte Badehaus auf Pfählen ist was für Nostalgiker und einfach legendär. Hier kann man herrlich einen Tag vertrödeln – oder noch besser den ganzen Sommer.

#MiliForever #absoluterLieblingsplatz #treibenlassen

Die Mili-Welt: gut abgeschirmt vom Ufer, auf Stelzen und voll knarzender Holzplanken. Hier fühlt sich der Sommer so richtig nach Sommer an.

Mili-Momente gehören einfach zum Sommer. Auf dem »Sonnendeck« brutzeln. Einen Köpfler vom Sprungbrett machen. Eis essen in »Afrika«. Einmal Rundlauf um die Tischtennisplatte. Ein »Zieher« beim Wasserball. Zum Holzfloß kraulen. Mit dem SUP rauspaddeln. Auf der Slackline übers Wasser tanzen. Die Sonne untergehen sehen ...

Die »Mili«, so nennen die Bregenzer ihre Militärschwimmanstalt. Sie schwebt seit 1825 in der Bregenzer Bucht über dem Bodensee, und zwar auf 123 Pfählen. Die älteste Badeanstalt am See wurde zu Kaiser Franz' Zeiten gebaut, damit österreichische Rekruten dort das Schwimmen lernten. Schon nach dem Zweiten Weltkrieg durften dann alle im hölzernen U schwimmen gehen. Das ist bis heute so geblieben.

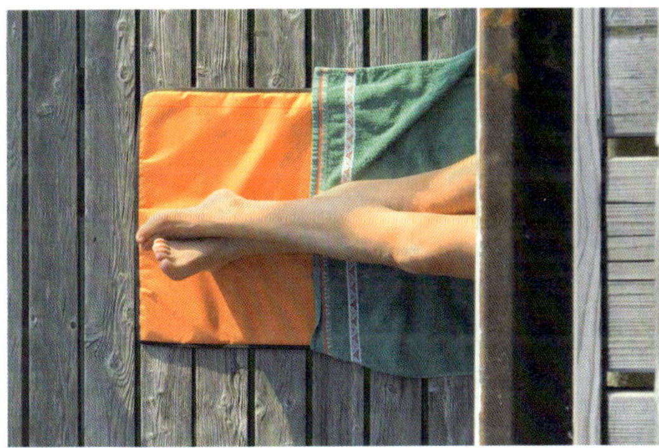

Die Mili. Ein Treffpunkt für alle, die knarzende Holzplanken lieben. Kinder und Teenies, Erwachsene und Senioren, Gelegenheitsschwimmer und Dauerbader, Wasserballer und Kartenspieler, Milianer und Gäste. Es gibt ja auch alles, was man so braucht für einen Tag am See. Wasser, Sonne, blauer Himmel, Liegestühle, Sonnenschirme, Duschen, Toiletten, Bademeister. Und wer Hunger oder Durst hat, zieht sich einfach was aus dem Automaten – oder geht barfuß rüber über den Steg zum neuen Kiosk an der Pipeline. Ein Eis, ein kühles Getränk. Und dann schnell wieder zurückstapfen in die nostalgische Mili-Welt.

Dort bleibt man und lässt sich treiben. Gut abgeschirmt vom Trubel am Ufer. Blickt raus auf das glitzernde Wasser. Riecht den Duft des Bodensees – und den von Sonnencreme. Ganz entspannt den Sommer spüren. Und davon träumen, dass auch am nächsten Tag die Tür zur Mili wieder offen steht.

FAZIT: BADEN WIE VOR HUNDERT JAHREN! DIE MILI GEHÖRT EINDEUTIG IN DIE KATEGORIE »ABSOLUTER LIEBLINGSPLATZ«.

Hin & weg: Mit dem Rad an der Bregenzer Seepromenade »Pipeline« entlang oder zu Fuß in 5 Min. vom Bahnhof »Hafen« bis zur Mili (Reichsstraße).

Beste Zeit: Bei Schönwetter hat die Mili täglich geöffnet von Mai bis Ende September (Öffnungszeiten auf www.stadtwerke-bregenz.at/baederanlagen).

Dauer: So lange, bis die Sonne untergeht.

Ausrüstung: Schwimmsachen und ganz viel Zeit.

BARFUß ZUM BEIZLI

… Wellnesswandern im Appenzeller Vorderland

Das Rütegg-Beizli ist ein stiller Ort. Dorthin geht's nur zu Fuß, und zwar barfuß. Mit faszinierenden Ausblicken auf den Bodensee und in die Vorarlberger Berge. Diese Wanderung ist Wellness pur – nicht nur für die Füße.

#Schuheaus #barfußinsGlück #100ProzentSchweiz

Schuhe aus und dann auf leichten Sohlen loswandern. Immer im Blick: den Bodensee. Und die Kuhfladen.

Oh, diese sanften Hügel und das satte Grün. Hier im Appenzellerland ist die Welt noch in Ordnung. Kein Wunder, dass ein Gesundheitsweg durch die herrliche Landschaft führt. Wo sonst können Körper und Geist besser runterfahren als hier?

Der Tag startet mit Entschleunigung im Zahnradbähnli. Dieses nimmt einen mit auf die gemütliche Reise hinauf in die Berge, von Rohrschach am Ufer des Bodensees bis hinauf nach Heiden. Los geht die Wellnesstour beim Skilift, entlang des Gstaldenbaches über Fuchsloch und Unterrechstein bis zum ersten Zwischenziel, dem Appenzeller Heilbad. Wer mag, nimmt ein Bad, mindestens aber eine kurze Auszeit im Kräutergarten. Die Sinne schärfen und dann immer weiter steigen zum Kaien.

Jetzt wird es spannend, die Barfußtour beginnt. Die Infotafel am Wegrand motiviert zusätzlich: Barfußlaufen in der Natur, so steht es dort, aktiviert die Durchblutung, die Muskeln arbeiten intensiver, und Stoffwechselgifte werden ohne Schuhe besser ausgeschwitzt. Jetzt gibt es aber wirklich keine Ausrede mehr. Na dann, Schuhe aus!

Wellness, und zwar nicht nur für die Füße: Diese Tour führt durch herrliche Natur, über weiches Moos und hinauf zum gemütlichen Beizli.

Die ersten Schritte sind ungewohnt. Die Wiese ist feucht, das Gras kitzelt an den Sohlen. Langsam geht es hinauf zur Langenegg.

Es ist ein bisschen wie Slalomlaufen, und zwar um die Kuhhaufen. Hier geht es nämlich direkt über die Viehweide.

Am Waldrand geht es weiter durch die Landschaft, immer wieder mit Blick auf den See. Mit jedem Schritt wandert der Stress weg. Wem der Weg zu steinig wird, weicht einfach aufs Gras aus oder, noch besser: läuft ein Stück über den Waldboden. Moos ist einfach perfekt für die Sohlen!

Nach einer guten Stunde ist der höchste Punkt fast erreicht. Noch ein steiler Anstieg vom Weiler Risi, und dann steht man vor der Rütegg. Die kleine Gartenbeiz ist sooo gemütlich – und erst die Stube der Wirtschaft. Große Kuhglocken hängen an den Wänden,

Fast wie bei Heidi: echte Kühe und grüne Bergwiesen. Auf ins Appenzellerland!

Bücher zum Stöbern und Kaufen liegen aus. Es riecht nach leckerem Essen. Appenzeller Wurstspezialitäten wie Pantli oder Mostbröckli gibt es hier und natürlich Käse. Und: Hier unbedingt auch einen Käsefladen aus dem Ofen probieren!

Und dann weiter auf dem schmalen Pfad Richtung Oberegg. Am Horizont thront die Vorarlberger Alpenkette, links unten der Bodensee. Vor lauter Schauen spürt man gar nicht, dass sich die Füße erst wieder an den steinigen Weg gewöhnen müssen.

Ach was, müssen sie gar nicht. Noch nicht! Bevor der Weg hinabführt nach Oberegg, ist noch Zeit. Erst mal sitzen, die Natur und die Ruhe genießen. Die Füße ins Gras strecken ...

FAZIT: WELLNESS FÜR ALLE, DIE RUHE, BERGE UND NATUR LIEBEN UND SICH TRAUEN, EINFACH MAL DIE SCHUHE AUSZUZIEHEN.

Hin & weg: Mit der Zahnradbahn von Rohrschach bis Heiden, von dort zu Fuß nach Oberegg, und zwar überwiegend auf dem Gesundheitsweg. Zurück nach Heiden mit dem Postauto von Oberegg, Haltestelle Rutlenstraße, fährt stündlich.

Beste Zeit: Warmer Sommer- oder Herbsttag. Das Rütegg-Beizli ist freitags bis montags geöffnet (weitere Infos auf www.ruetegg.ch).

Dauer: 3 Std., 8 km reine Wanderzeit.

Ausrüstung: Ein bisschen Mut, um die Schuhe auszuziehen.

HOCH LEBE NUMMER 1

Den Bodensee-Radweg kennt jeder. Doch wer kennt die Panoramarunde bei Lindau? Auf 24 Kilometern führt die vom See ins Hinterland. Obstplantagen, Wälder, Weinberge, kleine Dörfer und hohe Aussichtspunkte: Die Nr. 1 ist einfach die Beste!

#abaufsRad #Genussradelnfüralle #Hinterlandidylle

Start der Tour ist in Lindau. Auf der Insel erst mal zum Hafen radeln, den Blick genießen auf die schönste Hafeneinfahrt. Und dann ab durch die Mitte!

Wer einen ruhigen Sommertag auf dem Rad erleben möchte, weicht den Radlermassen auf dem Bodensee-Radweg aus – und zwar auf der Nummer 1! Los geht's am Bahnhof in Lindau. Erst mal ist mit Ruhe nicht wirklich viel, die Stadt ist im Sommer schon vormittags ziemlich voll. Ein kurzer Abstecher über die Insel und dann rüber Richtung Lotzbeckpark, immer am See entlang.

Die erste Pause lockt: das Aeschacher Bad. Doch erst mal weiterradeln, der Tag ist ja noch lang. Wunderschön glitzert der Lindauer Bodensee in der Sommersonne. Blick aufs Wasser, den Wind in den Haaren, so macht Sommerradeln Spaß.

Von Lindau fliegt man auf dem ebenen Radweg bis Wasserburg. Der Radverkehr nimmt zu, hier sind auch alle Bodensee-Umradler unterwegs.

Auch im Paradies in Nonnenhorn ist kein Platz: Die Panoramaliegen sind leider belegt. Doch es kommen ja noch ein paar Möglichkeiten. Sechs großartige Aussichtspunkte liegen auf der Panoramaroute – jeweils mit gemütlichen Doppelliegen. Und modernen Informationen: Wer ein Smartphone mit Internetverbindung dabeihat, kann kurze Videos abrufen, in denen Einheimische etwas über ihre Region erzählen.

Nach Nonnenhorn geht's ab ins Hinterland. Weg und Natur sind wunderschön. Erst mal durchatmen, entspannt weiterradeln und genießen. Grüne Wiesen, weite Apfelplantagen, gemütliche Dörfer. Und dann der erste Anstieg, die Antoniuskapelle ist schon zu sehen. Geschafft! Ein kurzer Blick in die kleine Kapelle und dann hinauf zum Aussichtspunkt. Was für ein Panorama! Der Blick schweift über die Obst- und Weinberge runter zum Bodensee. Dahinter stehen die mächtigen Berggipfel in der Schweiz und in Österreich.

Hinauf zur Antoniuskapelle kommt man auf dem Rad schon etwas ins Schwitzen. Unten am See weht auch im Sommer oft ein angenehmes Lüftchen.

Danach führt die Tour weiter Richtung Unterreitnau. Wer etwas Abenteuer und wilde Waldwege liebt, biegt in Hengnau einfach von der Route ab und fährt rechts Richtung Hermannsberg. Zwischen den Bäumen geht es bergauf über Steine und Wurzeln. Hier ist es so ruhig, dass man meint, allein auf der Welt zu sein. Oben angekommen, erst mal auf die Doppelliege, die Waden entspannen. Der Blick in den Baumspitzen und den Geruch von Wald in der Nase. Anschließend geht's steil hinab auf einem Schotterweg und bei der Trotte zurück auf die Nummer 1.

Auf Tccr rollt das Radel dann fast von allein bis Bodolz. Unbedingt mitten im Ort bremsen und absteigen und eine Pause machen im Biergarten des Gutsgasthauses Köberle (Grundstraße 2, www.koeberle-bodolz.de). Die Käsespätzle sind legendär! Gut, dass es danach nicht mehr weit ist bis Lindau. Die restlichen fünf Kilometer schafft man locker – auch mit Käsespätzle im Bauch.

FAZIT: WIE GUT, DASS ES DIE NUMMER 1 GIBT! ABWECHSLUNG UND AUSBLICKE, SEE UND HINTERLAND – UND VOR ALLEM EIN BISSCHEN RUHE. DIESE RADTOUR MACHT RICHTIG SPAß!

Hin & weg: Mit dem Fahrrad am Bahnhof Lindau starten, geht aber auch an jedem anderen Ort der Route. Und dann immer den weiß-grünen Schildern mit der roten 1 nach.

Beste Zeit: Sommertage mit Rückenwind.

Dauer & Strecke: 3 Std., 26,5 km, Steigung ca. 250 hm.

Ausrüstung: Fahrrad, Helm und Picknick. Im Sommer: Badesachen! Und am besten die Route auf dem Smartphone oder auf einer Radkarte im Gepäck haben.

GRÜEZI UND HALLO

… auf dem Erlebnispfad bei Öhningen

#32

Schweiz? Deutschland? Oder doch Schweiz? Am Seerhein kann man schon mal den Überblick verlieren. Macht aber nichts, auf dem Erlebnispfad von Öhningen nach Stein am Rhein spielt das keine Rolle. Denn hier gibt's weder Zöllner noch Schlagbaum.

#grenzenloserWanderspaß #Grenzgänger #ranandieWurst

Deutschland oder Schweiz? Der Erlebnispfad führt hin und her – und hoch hinauf zur Burg Hohenklingen.

Eine Milchkanne, zwei Fahnen: links die rote mit dem weißen Kreuz, rechts daneben flattert im gleichen Takt die schwarz-rot-goldene. Alltag im deutschen Öhningen. Hier startet der Erlebnispfad für Grenzgänger. Erst mal geht's runter zum Bodenseeufer, immer Richtung Regenbogenbrücke. Die verbindet Deutschland mit der Schweiz – und Öhningen mit Stein am Rhein.

Hier am Grenzübertritt das Land zu wechseln geht zu Fuß so einfach und schnell, dass man es oft gar nicht bemerkt. Nach einer guten halben Stunde kommt man nach Stein am Rhein (CH). Wer möchte, besucht die ehemalige Benediktinerabtei St. Georgen. Zum Museumsbesuch gehört auch der Klostergarten, in dem viele Heilpflanzen wachsen (www.klostersanktgeorgen.ch). Danach durch die kleine Altstadt schlendern, die verzierten Häuser aus dem Mittelalter bewundern. Bei schönem Wetter einen Abstecher ans Rheinufer zur Schiffländi machen. Dort ein Gipfeli essen – oder noch besser:

Historisches Fachwerk in Stein am Rhein, bunte Bauerngärten in Öhningen: Egal, auf welcher Seite der Grenze der Weg verläuft, es gibt immer wieder Neues zu entdecken.

im Café Späth (Rathausplatz 21) ein Stück Himbeertorte. Und dann noch schnell beim Metzger Cervelats kaufen. Denn der nächste Grillplatz kommt!

Und zwar beim nächsten Ziel: 192 Meter über der Stadt thront das Wahrzeichen von Stein am Rhein, die Burg Hohenklingen. Der Weg hinauf ist anstrengend. Kleine Steintreppen führen durch den steilen Weinberg. Sommerblumen blühen, erste Trauben hängen schon zwischen den Blättern. Der Puls steigt. Ein Blick zurück macht aber alles schnell wieder vergessen: Unten leuchtet der Rhein wie ein türkises Band.

Was für eine traumhafte Aussicht, und die ist nur ganz oben auf dem Burgturm noch besser. Also weitersteigen und, wenn das Burgtor offen ist, mitten rein in die Ritterwelt spazieren. Die mittelalterliche Burg wurde komplett saniert, im Restaurant speist man edel. Innenhof und Bergfried, der höchste Turm der Burg, sind frei zugänglich.

Danach auf dem schmalen Pfad einmal um die Burg streifen. Meist hört man hier schon Stimmen, und zwar vom Grillplatz. Auf einer Waldlichtung gibt es mehrere Grillstellen, manche sogar überdacht. Jetzt die Cervelats auspacken – und das Schweizer Taschenmesser. Und dann, genau wie die Schüler nebenan, die Wurst kunstvoll einritzen, aufspießen und rein ins Feuer! Wichtiger Tipp: keine weißen, nur braune Würste einschneiden. Weiße haben meist eine so dünne Haut, dass sie beim Grillieren von allein aufplatzt.

Sobald die Wurst verspeist ist, geht der Weg weiter über den Firstweg zum Sonnenhof und von dort aus ganz gemütlich zurück bis nach Öhningen. Und natürlich irgendwo im Wald rüber über die Landesgrenze, und zwar ohne Zöllner oder Schlagbaum.

FAZIT: WAS FÜR EINE WEITSICHT ÜBER LAND UND RHEIN – SO MACHT GRENZÜBERSCHREITENDES WANDERN SPAß!

Hin & weg: Mit dem Höribus 200 bis Öhningen (Staldenstraße), der Erlebnispfad startet am Sportplatz und führt im Uhrzeigersinn über Stein am Rhein zurück nach Öhningen.

Beste Zeit: Das geht immer. Der Innenhof und der Bergfried der Burg Hohenklingen können nur während der Restaurantzeiten besichtigt werden (www.burghohenklingen.com).

Dauer & Strecke: 8 km, 3 Std. reine Gehzeit.

Ausrüstung: Feste Wanderschuhe, der Weg hinauf zur Burg ist steil. Cervelat zum Grillieren. Und ein Schweizer Taschenmesser. Wer kein Risiko eingehen will: Personalausweis. Im Sommer Sonnenschutz.

ZEITREISE AN DER RIVIERA

... auf dem Lindauer Gartenkulturpfad

Edle Schlösser, prächtige Villen und grüne Parkanlagen: Flanieren entlang des Lindauer Gartenwegs ist wie eine Nostalgiezeitreise. Zurück in Zeiten, als Lindau sich im europäischen Hochadel einen Namen machte. An der Bayerischen Riviera lässt sich immer noch königlich baden – wie vor hundert Jahren.

#annodazumal #Villenzauber #BayerischeRiviera

Edle Adresse: Von der Terrasse der Villa Alwind aus blickt man auf den prachtvollen Park – und den Bodensee.

Edel stehen sie da, oft in bester Uferlage, die stilvollen Lindauer Stadthäuser: Villa Rasteck und Villa Tannhof, Villa Wacker und Villa Elena. Jede ein kleines architektonisches Kunstwerk. Gebaut vom Adel und vom Großbürgertum vor allem im 19. Jahrhundert. Ein Stück bajuwarische Bodenseegeschichte.

Der bayerische Prinz Luitpold machte den Anfang: 1848 ließ er im sonnigen Lindau die Villa Amsee errichten, eine Sommerresidenz für sich und seine Frau Auguste Ferdinande. Der Erholungsort des Prinzen wurde schnell zum Treffpunkt für Europas Hochadel.

Lebendig wird diese glanzvolle Vergangenheit bei einem Spaziergang auf dem Gartenkulturpfad. Vom Europaplatz in Lindau geht es erst mal am Aeschacher Uferweg entlang. Die erste Station ist was für Pflanzenfreunde: der Botanische Alpengarten, 1886 von Franz Sündermann gegründet. Dessen Leidenschaft:

Geometrische Blumenbeete und edle Villen: Wer einen Blick durch Hecken und Mauern wirft, entdeckt auf diesem Rundweg viele verborgene Schätze.

das Sammeln und Züchten von alpinen Gewächsen. Ein Blick in die spezielle Gärtnerei lohnt sich vor allem im Frühjahr, wenn dort viele der 2000 Sorten aus fünf Kontinenten blühen (www.alpengarten-suendermann.de).

Danach rüber über die Bahngleise zum Aeschacher Bad. Das Bad auf Stelzen ist ein herrlich nostalgischer Ort an der bayerischen Riviera. Hier planscht man wie vor hundert Jahren. Es wurde 1911 gebaut, damit die Lin-

Im Lindenhofpark spaziert man zu den Engeln. Im Strandbad taucht man in die 1920er-Jahre ein – und ins beheizte Wasser des Pools mit Seeblick.

dauer mit dem damals gebotenen Anstand schwimmen gehen konnten, und zwar bis zum Hals verhüllt. Heute badet man freizügiger – oben ohne und Stringtangas sind hier aber nicht erlaubt.

Unter schattigen Bäumen flaniert man weiter zum Lotzbeckpark. Prachtvolle Villen stehen hier, erbaut von reichen Lindauern, von Kaufleuten und Fabrikanten. Jugendstil? Heimatstil? Auf jeden Fall elegant anzusehen. Wenn man sie denn erspäht: Viele verstecken sich gut – hinter Mauern, Eisentoren und Hecken. Besonders prächtig ist die Villa Wacker, die mit ihrem roten Sandstein und den Türmen wie ein Schlösschen wirkt. Und erst das Hotel Bad Schachen. Im Parkstrandbad taucht man ab in die goldenen 1920er-Jahre. Das Jugendstil-Strandbad aus dem Jahr 1924 ist das schönste am ganzen See – mit hölzernen Umkleiden und einem beheizten Pool mit Seeblick (www.badschachen.de).

Im Lindenhofpark spaziert man unter Mammutbäumen und an Blumenrabatten vorbei Richtung Villa Lindenhof. Was für ein perfekter Platz für ein königliches Parkpicknick und eine Runde Cricket – so wie auf einem englischen Landgut. Wer den Picknickkorb vergessen hat: Im Strandcafé Lindenhof gibt's leckeren Kuchen.

Wer lieber königlich dinieren will, schlendert hinauf zur Villa Alwind. Von der Terrasse aus blickt man auf die prachtvolle Parkanlage samt Magnolienbäumen, Springbrunnen und geometrisch angelegten Blumenbeeten. Spätestens hier fühlt sich jeder Besucher rundum königlich – und der Rest des Rundwegs muss erst einmal warten ...

FAZIT: DIESER TAG IST WAS FÜR ALLE, DIE VORNEHME VILLEN, EDLE GÄRTEN UND DIE SOMMERFRISCHE AM SEE LIEBEN.

Hin & weg: Mit dem Zug nach Lindau, dann mit dem Bus Linie 1 oder 2 zum Europaplatz (Haltestelle Toskana). Dort startet der Gartenkulturpfad.

Beste Zeit: Wer baden will wie vor hundert Jahren, kommt zwischen Juni und Oktober, dann haben die Bäder geöffnet.

Dauer & Strecke: 3 Std. reine Spazierzeit, 10 km.

Ausrüstung: Badesachen und Picknickkorb.

PILGERN ZUM SEE

Beim Kloster Salem beginnt ein historischer Weg. Früher eilten hier Mönche entlang, heute Wanderer. Durch Wiesen und Wälder, über Hügel und Pfade. Das Ziel: Birnau, die schönste Kirche am Bodensee.

Zeichen der Vergangenheit: Viele Kreuze stehen am Wegesrand. Seit dem Mittelalter eilten hier Äbte und Mönche entlang.

Salem. Gewaltig steht das Gebäude im Grünen, mehr Schloss als Kloster. Schon beim ersten Blick ahnt man: Hier lebten einst mächtige Mönche. Der bekannteste war Anselm II. Der Abt residierte wie ein barocker Fürst in der Prälatur des Klosters, dem späteren badischen Schloss. 1920 gründete Prinz Max von Baden dort eine Privatschule, bis heute ein bekanntes Internat.

Bevor die Wanderung auf dem Prälatenweg beginnt, taucht man ein in die lange Geschichte des historischen Ortes – am besten bei einer Führung durch Schloss und Kloster. Dort erfährt man, dass das frühere Zisterzienserkloster reich und mächtig war, die einzelnen Mönche aber nach den strengen Ordensregeln in Armut lebten.

Auf dem historischen Pilgerweg kommt man ihrem Leben näher. Er beginnt an der Kreuzigungsgruppe oberhalb des Oberen Tors der Schlossanlage. Schon immer war dieser Weg die kürzeste Verbindung zwischen Kloster und Bodensee. Durch Wald und Wiesen, vorbei an kleinen Weihern und großen Gehöfte. Und an steinernen Kreuzen wie dem Polenkreuz und dem Salvatorkreuz. Seit dem Mittelalter eilten die Mönche auf dem Wirtschaftsweg hinab zum Ufer, um übers Wasser Konstanz und andere Handelsorte zu erreichen. Und um in der kleinen Kapelle Alt-Birnau zu beten, vor einer Marienstatue mit Kind. Sie glaubten, dass dieses Gnadenbild Wunder bewirke. Immer mehr Pilger kamen zur kleinen Wallfahrtskapelle, deshalb wurde sie immer weiter ausgebaut.

Im 18. Jahrhundert ließ Abt Anselm II. schließlich die heutige Kirche Birnau bauen. Eine prächtige Barockkirche, in nur vier Jahren. Im September 1750 wurde der Einzug mit einer Prozession gefeiert – auf dem Prälatenweg.

Modernes Pilgern auf einem historischen Weg: Der Prälatenweg durchquert Wiesen und Wälder. Und führt einen auf dem kürzesten Weg von Salem hinab bis zum Ufer des Bodensees.

Noch heute erinnert das Salvatorkreuz an diesen großen Tag. Ein kurzer, steiler Anstieg führt hinauf. Und hier trifft man Abt Anselm II. wieder: Denn das Gnadenbild aus der kleinen Kapelle Alt-Birnau war während der Reformation in Sicherheit gebracht worden. Beim Salvatorkreuz nahm der Abt die Statue in Empfang und brachte sie mit der Prozession zur neuen Kirche Birnau. Dort steht die Marienstatue mit Kind seitdem über dem Hochaltar.

Der Weg vom Salvatorkreuz ist nicht mehr weit, der Wald lichtet sich, und durch die Weinberge ist das Ziel bald erreicht. Vor den Türen der schönsten Barockkirche am Bodensee endet das Pilgern mit einer spektakulären Aussicht. Halt! Nicht ganz. Unbedingt runter bis zum Ufer Richtung Schloss Maurach steigen. Und dann: Füße rein ins kalte Wasser!

FAZIT: AUF DEM PRÄLATENWEG LIEGT EINEM DIE VERGANGENHEIT ZU FÜßEN. EINFACH LOSGEHEN – UND SCHRITT FÜR SCHRITT GENIEßEN.

Hin & weg: Vom Bahnhof Salem (Ortsteil Mimmenhausen) oder dem Hafen in Unteruhldingen geht's im Stundentakt mit dem Erlebnisbus 1 zum Kloster und Schloss Salem.

Beste Zeit: Ende März bis Ende Oktober, dann hat das ehemalige Kloster und Schloss Salem samt Museum täglich geöffnet (www.salem.de). Auch die Wallfahrtskirche Birnau samt Klosterladen kann man täglich besichtigen (www.birnau.de).

Dauer & Strecke: 3,5 Std., 8 km ohne Pausen und Besichtigungen.

Ausrüstung: Nichts außer Zeit und einem Pilgervesper für unterwegs.

WAS FÜR EIN KÄSE!

... Käselehrpfad am Pfänder bei Bregenz

Woher kommt der Vorarlberger Käse? Das zeigt der Käselehrpfad am Pfänder. Unterwegs gibt's nicht nur 15 Infotafeln zu entdecken, sondern Kühe, Weiden und Bauernhöfe. Dazu eine überragend schöne Aussicht auf Bodensee und Berge. Und für die Jause natürlich leckeren Bergkäse – frisch vom Senner.

#Genießertour #KüheundKäse #Panoramarunde

Eine Brettljause gehört zur Bergtour dazu – mit frischem Bergkäse direkt von der Sennerei.

Die Anfahrt ist gigantisch: Mit der Pfänderbahn schwebt man in wenigen Minuten bis auf 1064 Meter Höhe. Unten liegt Bregenz, dahinter der Bodensee. Und am Horizont 240 Alpengipfel. Mindestens!

Der Pfänder ist DER Panoramaberg am Bodensee. Dementsprechend viel los ist hier oben an einem Sommertag. Familien, Rentner, Reisegruppen – sie alle fahren hinauf, genießen die Aussicht, einen Kaffee in der Sonne und eine Runde durch den Wildpark.

Wer die Wanderschuhe schnürt und den Käselehrpfad anpeilt, wird überrascht sein: Nur rund 15 Minuten sind es bis zum Einstieg am Gasthaus Moosegg (www.moosegg.eu). Hier ist deutlich weniger los: Ein paar Wanderer trifft man hier nur noch – und viele Kühe. Das urige Gasthaus lohnt sich unbedingt für

Schritt für Schritt ins Wanderglück: Wer hier oben unterwegs ist, hat seine Ruhe. Und erst die Aussicht – links der Bodensee, rechts die Bregenzer Berge. Was für ein Panorama!

einen Stopp. Wer noch keinen Hunger hat, kehrt einfach am Ende der Tour ein, auf ein Pfänder-Rösti oder eine Brettljause mit Speck und Bergkäse.

An Bauernhöfen und Kuhweiden führt der Käseweg vorbei. Die erste Infotafel steht kurz nach dem Abzweigen links auf dem Waldpfad (Trögen-Pfänder-Weg). 15 sind es insgesamt, sie begleiten einen auf der Wanderung und berichten Spannendes aus der Käsewelt. Welche Sorten gibt es? Wie lange muss ein Käse reifen? Und was muss eine Kuh fressen, damit der Käse gut wird?

Ein paar Schritte weiter auf dem Weg, raus aus dem Wald und erst mal staunen: links der Bodensee, rechts die Bregenzer Berge. Was für ein Panorama und wir mittendrin! Immer

In wenigen Minuten rauf auf den Gipfel: Die Pfänderbahn bringt Bergfreunde schnell nach oben. Allein die Aussicht aus der Gondel ist das Geld schon wert.

wieder muss man anhalten, die Aussicht genießen. Entweder auf einer der vielen Bänke oder noch besser: im Gras.

Der Pfad führt einen immer weiter. Mit jedem Schritt schaltet man mehr und mehr ab, genießt die Natur und das Leben. An Tafel 8 kann man absteigen zur Alma-Bergsennerei in Hinteregg. Die Sennerei Hinteregg wurde 1938 gegründet. Hier verarbeitet der Senner Heumilch von zwölf Bauernhöfen der Umgebung. Der Abstecher lohnt sich, denn rund um die Uhr ist der Kühlschrank mit leckerem Bergkäse gefüllt.

Nach dem Käseshopping geht es Richtung Trögen. Wem der Rucksack mit dem Käse schon zu schwer wird, der macht einfach eine Jause im Grünen – oder biegt links ab nach Eichendorf-Berg. Alle anderen wandern weiter zur Alpe Hochberg, kehren in Schlüssellehen in der Jausenstation Fesslerhof ein oder auf der Sonnenterasse im Gasthof Paradies.

In Lutzenreute gibt es noch mal die Möglichkeit, den Rucksack mit Bergkäse zu füllen, und zwar in der Alma-Bergsennerei. Mehr als die Hälfte des Weges ist schon geschafft. Und in Eichenberg-Dorf kann man sich stärken, am besten mit einem Apfelstrudel. Ach, das Berggasthaus Moosegg wartet ja auch noch. Bis dahin sind es noch gut 30 Minuten. Zeit genug, Kalorien zu verbrennen – und Platz zu machen für das Käserösti.

FAZIT: SO EIN KÄSE? VON WEGEN! DIESE TOUR BIETET VIEL RUHE, UNGLAUBLICHE AUSBLICKE AUF DEN BODENSEE UND DIE BERGSPITZEN UND DAZU NOCH LECKERES ESSEN – EINFACH ÜBERRAGEND!

Hin & weg: Von Bregenz mit der Pfänderbahn, rauf auf den Berg. Alternativ: mit dem Auto zum kostenpflichtigen Parkplatz (Pfänder 32, Lochau). Der Käsewanderweg startet beim Gasthaus Moosegg neben dem Parkplatz (www.moosegg.eu).

Beste Zeit: Sommer/Herbst.

Dauer & Strecke: 8 km, bis zu 4,5 Std. reine Gehzeit. Leichte Wanderung gegen den Uhrzeigersinn, kann jederzeit abgekürzt werden.

Ausrüstung: Übersichtskarte (gibt's in den Touristinfos) oder ein Download des Käsewanderweges.

WIE IM MÄRCHEN!

#36

Wie oft hat man Schloss Heiligenberg schon aus der Ferne gesehen: Es thront mächtig und unübersehbar über dem Linzgau. Warum nicht einfach mal von Überlingen aus spontan hinauffahren? Es warten Ruhe, Natur, Weite, Wald. Und ein zauberhaftes Renaissanceschloss.

Ganz schön grün hier, selbst an grauen Tagen. Wer im Herbst nach Heiligenberg kommt, genießt die Natur und die Ruhe.

Wenn die rot-weiß-blaue Fahne über dem Schloss weht, ist Seine Durchlaucht zu Hause: Christian Erbprinz zu Fürstenberg. Er und seine Frau lieben nicht nur das Schloss, sondern auch die Natur drum herum. Kein Wunder, Heiligenberg ist märchenhaft.

Der Panoramaweg führt rund um Schloss und Ort: auf der kleinen Runde (6,4 km) oder der großen (13,5 km). Beim Bürgerhaus Sennhof startet die Herbstour. Nun geht es auf Entdeckungsreise, immer den Schildern nach zum Ortausgang und rechts auf den Waldpfad. Schnell wird klar: Der Panoramaweg hat seinen Namen verdient. Am Waldrand hat man einen wunderschönen Blick auf das Schloss.

Am Bellevueplatz unbedingt einen Abstecher zu den Freundschaftshöhlen machen, dann den Wegweisern nach Richtung Amalienhöhe. Der Pfad führt durch den Märchenwald – und über den Waldfriedhof. Nur das Laub raschelt unter den Füßen. Die Luft ist klar und kalt. Weiter zur Amalienhöhe, Heiligenbergs höchstem Punkt. Hierher führt der Erbprinz wohl gerne Besucher. Sieben Linden stehen dort,

Auch an Herbsttagen lohnt sich der Panoramaweg. Der Bodensee ist zwar im Nebel verschwunden, doch das Schloss thront über dem Herbstwald. Dort wachsen die Pilze aus dem Laub.

sie sollen 1843 zur silbernen Hochzeit des damaligen Fürstenpaares Karl Egon II. zu Fürstenberg und Amalie gepflanzt worden sein.

Am Aussichtspunkt trennen sich kleine und große Runde. Wer möchte, wandert weiter bis zur Wallfahrtskirche Betenbrunn und geht dann im großen Bogen über die Waldklause Egg zum Schweizerhaus. Dort treffen beide Wege wieder aufeinander bis zum Höhepunkt der Tour: Schloss Heiligenberg. Das Renaissanceschloss steht hier schon seit dem 16. Jahrhundert. Früher konnten Besuchergruppen in Pantoffeln durch den historischen Rittersaal tappsen. Doch der Erbprinz hat entschieden: Erstmal alles privat! Seine vier Kinder sollen ungestört groß werden. Im Schloss und in den Wäldern rund um Heiligenberg.

FAZIT: AUF DIESER MÄRCHENHAFTEN PANORAMARUNDE GIBT ES RUHE, AUSSICHT UND EIN FÜRSTLICHES SCHLOSS.

Hin & weg: Mit dem Bus Linie 7379 von Überlingen oder der Linie 7397 von Salem nach Heiligenberg (Haltestelle Postplatz), Parkplätze gibt's am Rathaus/Bürgerhaus Sennhof am Schloss.

Beste Zeit: An Herbsttagen, wenn über dem Bodensee Nebel liegt und hoch oben in Heiligenberg die Sonne scheint.

Dauer & Strecke: Kleine Runde 6,4 km, 2,5 Std., große Runde 13,5 km, 4,5 Std.

Ausrüstung: Ein Fernglas, sonst nichts. Im Sommer Badesachen, das Höhenfreibad ist herrlich.

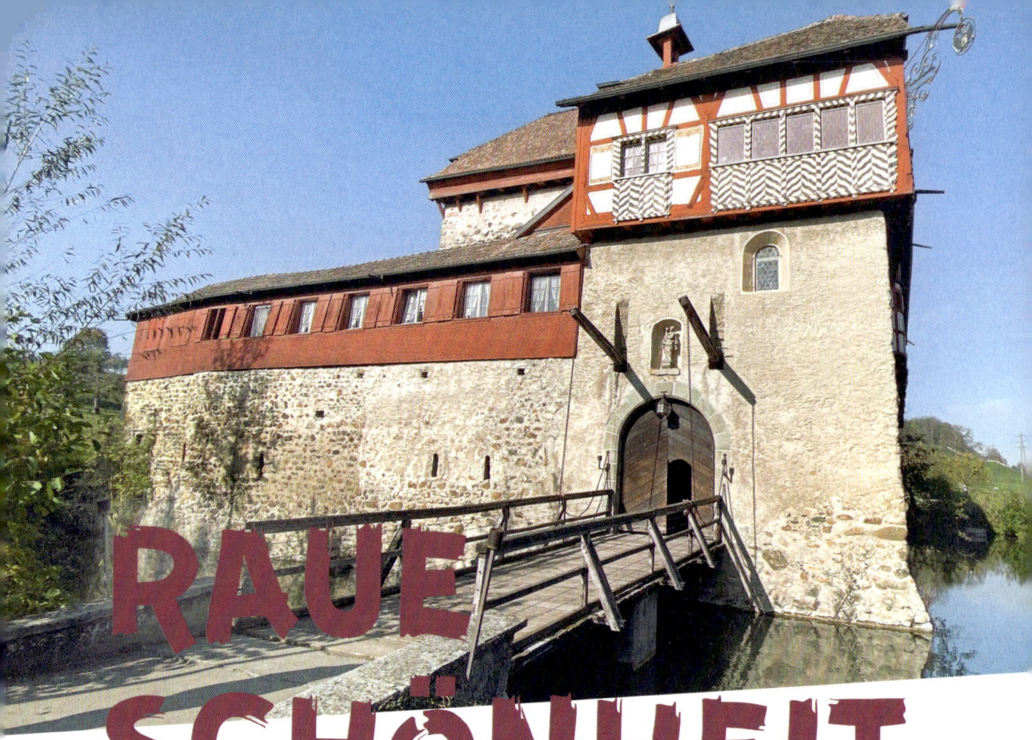

RAUE SCHÖNHEIT

... auf einer Rundwanderung um Amriswil

#37

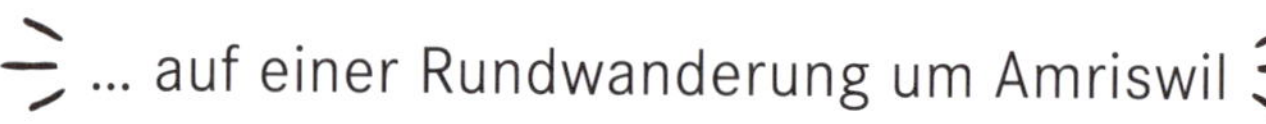

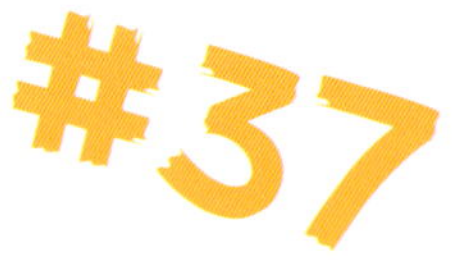

Ein falscher Schritt – und schon landet man mitten im Moor. Und trotzdem: Wer hier im Hudelmoos spazieren geht, hat alles richtig gemacht. Denn es gibt so viel zu entdecken. Auf den Weg schauen ist da gar nicht so einfach. Außer Zeit braucht es deshalb nur eines: wasserfeste Schuhe.

#Moorzeit #MoosundPilze #givememoor

Erst zum Wasserschloss, dann ins Hudelmoos. Diese Tour fasziniert.

Die Naturwanderung startet erst mal ziemlich trocken am Bahnhof in Amriswil. Einmal durch den Ort bis zur evangelischen Kirche mit dem höchsten Kirchturm des Kantons Thurgau – und dann mitten ins Grüne. Der Weg schlängelt sich durch die Landschaft, ein Bach plätschert. Tschüss, Alltag!

Ein kurzer steiler Aufstieg durch den Wald und dann weiter auf dem Panoramaweg bis Hagenwil. Das hier ist echtes Landleben. Durch Wiesen und Felder, vorbei an Kuhweiden und Pferdekoppeln. Mit etwas Glück und klarer Luft sieht man am Horizont den Säntis.

Viel näher ist das Wasserschloss Hagenwil. Es liegt herrlich zwischen Hügeln und Weinbergen – mitten im Wasser. Anfang des 13. Jahrhunderts wurde das Schloss gebaut, und zwar zur Verteidigung. Heute kann man dort fein essen gehen. In den historischen Mauern gibt es ein edles Restaurant. Ein mitgebrachtes Vesper auf dem Bänkli über dem Schloss ist aber auch eine feine Sache.

Gut gestärkt, geht es kurz nach Hagenwil über die Kantonsgrenze. Ein Schild zeigt es: Das Hudelmoos wartet! Auf den Pfaden rund um die Moorweiher kommt man diesem be-

Das ist doch mal eine echte Landpartie: Stege, Pferde und auch noch eine Riesenschaukel.

sonderen Ort in der Natur ganz nahe. Jeder Schritt federt, so weich ist der Boden. Aber bitte wandern, nicht waten! Und, ganz wichtig: unbedingt auf den Pfaden bleiben. Denn bis sich neuer Torf bildet, dauert es rund tausend Jahre.

Bis in die 1950er-Jahre wurde im Hudelmoos Torf abgebaut, mehr als 200 Jahre lang. Vor allem in den Kriegsjahren haben die Schweizer ihn zum Heizen ihrer Häuser gebraucht. Leider wurde so der größte Teil des Hochmoores zerstört. Das, was vom Moor übrig geblieben ist, steht seit den 1970er-Jahren unter kantonalem Schutz.

Auch wenn der Boden braun und matschig ist, das Hudelmoos ist immer grün. Zu jeder Jahreszeit. Dichtes Moos wächst überall, auf Ästen, Wurzeln und Baumstämmen. Und zwischen den Bäumen wachsen die schönsten

Give me Moor: Der Blick auf Wasser und Schilf ist besser als jede Meditation.

Pilze. Immer weiter auf den Wanderpfaden. Sich treiben lassen durch Wald und Moor.

Mehrere Feuerstellen machen das Hudelmoos zu einem schönen Familienziel. Der Duft von Grillwurst zieht über das Moor. Wer möchte, grilliert einfach mit und bleibt bis zum Sonnenuntergang.

Besonders entspannt ist es aber, sich am Rand der Weiher auf einen Baumstamm zu setzen. Mit Blick aufs helle Schilf und aufs dunkle Wasser. Die kühle Waldluft ganz tief in den Bauch atmen – und die Kraft des Moores spüren. Das lädt den Akku wieder auf für den Alltag. Schade, dass man bald weitermuss, zurück nach Amriswil. Immerhin trockenen Fußes!

FAZIT: EIN ENTSPANNTES WELLNESSPROGRAMM. WALDBADEN MIT MOORPACKUNG – BESSER ALS JEDE THAI-MASSAGE!

Hin & weg: Mit dem Zug zum Bahnhof Amriswil, von dort zu Fuß.

Beste Zeit: Das geht immer, im Hinterland ist meistens wenig los.

Dauer & Strecke: 3–4 Std., 11 km Rundwanderung.

Ausrüstung: Feste Schuhe, die auch etwas Matsch vertragen. Und wer mag, Vesper oder Grillzeug für die Feuerstellen.

HOPFEN UND MALZ

… auf dem Hopfenpfad in Tettnang

Wandern mit Aussicht auf Hopfengärten und den Bodensee – das gibt's nur in Tettnang. Auf dem Hopfenpfad spaziert man durch die Hopfenfelder und in die Geschichte des Bierbrauens. Besonders spannend ist die Tour im September. Denn dann beginnt die Ernte, und der Hopfenduft liegt in der Luft.

#Hopfenabenteuer #grünesGold #Prost

Hopfen, so weit das Auge reicht: Kurz vor der Ernte sind die grünen Pflanzen meterhoch geklettert, das Tettnanger Schloss ist gerade noch zu sehen.

Wie das duftet! Ein bisschen nach Grapefruit und Zitrone, herb und würzig. Einfach ganz besonders. Für die Tettnanger ist der Duft ein Stück Heimat. Auf dem Hopfenpfad taucht man ein in ihre Welt.

Der Erlebnisweg startet mitten in Tettnang, am Bärenplatz bei der Kronenbrauerei. Von dort geht's den Schildern nach mit Hopfi, dem Tettnanger Hopfenmaskottchen. Schnell ist man raus aus der Hopfenstadt und mitten in den Hopfenfeldern. Wie grün hier alles ist. Anfang September stehen die Hopfenpflanzen meterhoch in der Luft. In den Sommermonaten sind sie bis zur Spitze des Steigdrahts geklettert. Jetzt ist Schluss: Zeit für die Ernte! Während man auf dem Feldweg weiterspaziert, rattern Traktoren mit voll beladenen Hängern vorbei. Sie bringen die Ernte nach Hause. Denn auf den Hopfenfeldern ist jetzt Vollbetrieb: Dort sind die Schlepper mit den Abreißmaschinen im Einsatz. Jeder kann live dabei sein und mit den Hopfenbauern ins Gespräch kommen.

Die erzählen gerne von der Geschichte des Hopfens. Bis 1956 war Erntezeit in Tettnang eine anstrengende Sache und reine Handarbeit. Viele Helfer kamen und zogen mit Hopfenhocker und Korb in den Hopfengarten. Der erste Hopfen wuchs hier schon 1844. Dr. Fidelis von Lentz pflanzte ihn an: Wo Wein wächst, muss auch Hopfen gedeihen, dachte er. Stimmt! Der Boden macht es aus, erzählen die Hopfenbauern. Das sprach sich schnell herum unter den Bierbrauern. Und da etwa zur gleichen Zeit die Schwäbische Eisenbahn im Bodenseeraum gebaut wurde, konnte der

Erst die Arbeit, dann das Vergnügen: Auf den Hopfenfeldern wird hart gearbeitet, damit das Bier später ein besonderer Genuss wird.

Tettnanger Hopfen schnell in die weite Welt transportiert werden. Bis heute!

Auf der Hälfte des Wegs, auf den Hügeln über der Stadt, liegt das Hopfengut No. 20. Dort erfährt man im interaktiven Museum hautnah, wie der Hopfen weiterverarbeitet wird. In der großen Halle knattert und rattert es. Die riesige Hopfenbrockmaschine läuft. Zwei Mitarbeiter füttern sie. Dann pflückt die Maschine die Dolden von der Ranke. Danach geht's ab in den Trocknungsofen. Dort riecht es besonders gut – und es ist schön warm. Erntezeit ist auch Brauzeit, und zwar für die Grünhopfenbiere. An den Brautagen im Hopfengut No. 20 kann man bei speziellen Führungen dem Braumeister über die Schulter schauen, und wer mal richtig mit anpacken will, hilft als Erntehelfer mit.

Bevor es auf dem Brünnesweiler Höhenweg (nicht barrierefrei!) zurückgeht in die Hopfenstadt, wird es im Hopfengut Zeit für eine Schüssel leckerer Kässpätzle. Und natürlich für ein Bier – oder eine Bierlimo. Prost!

FAZIT: DAS »GRÜNE GOLD«, SO NENNEN DIE BRAUMEISTER DEN HOPFEN. DIESER PFAD VERDIENT DIE GOLDMEDAILLE!

Hin & weg: Mit dem Zug bis Meckenbeuren, dann mit dem Bus nach Tettnang. Der Hopfenpfad startet direkt am Bärenplatz bei der Kronenbrauerei (www.tettnanger-krone.de).

Beste Zeit: Zur Hopfenernte, meist um den 25. August bis Mitte September.

Dauer & Strecke: 2 Std., 8 km ohne Einkehr (Rundweg). Mit Museum und Brauereibesuch im Hopfengut No. 20 (www.hopfengut.de) locker einen ganzen Tag.

Ausrüstung: Nichts außer Durst auf Neues – und natürlich Bier.

EINFACH ABHÄNGEN

… beim Waldbaden im Güttinger Wald

Am Bodensee kann man nur im Wasser baden? Von wegen! Der Güttinger Wald bei Altnau liegt nur ein kurzes Stück entfernt, und dort stehen jahrhundertealte Eichen. Perfekt für eine Auszeit ganz allein zwischen gigantischen Baumriesen. Waldbaden macht glücklich – ob mit oder ohne Outdoor-Hängematte!

#100ProzentNatur #Baumriesen #wilderWald

Mein Freund, der Baum: Beim Waldbaden kommt man den Riesen ziemlich nahe.

Fürs Waldbaden braucht man nichts – nur den Wald. Umso schöner, dass es den Güttinger Wald gibt. Dort badet man mitten im Wald zwischen Buchen, Eschen, Ahorn und Eichen.

Vor allem sie machen den Wald so besonders: Die Eichen stehen seit vielen Jahrhunderten dort, hinter Güttinger, nur ein paar Kilometer vom Bodenseeufer entfernt. Manche sagen, der Güttinger Wald sei einer der schönsten Wälder der ganzen Schweiz.

Wer sein erstes Waldbad nehmen will, kann ganz entspannt auf dem Eichenweg starten. Dieser führt einen dank vieler Schilder einfach auf vier Kilometern einmal im Kreis herum. Der wichtigste Tipp für Badeanfänger: schlendern! Hört sich vielleicht einfacher an, als es ist. Denn vom Wandern sind viele gewohnt, ein Ziel zu erreichen. Das gibt es beim Waldbaden aber nicht. Also langsam losgehen, am besten barfuß. Schon ist man deutlich bewusster unterwegs.

Beim Waldbaden ist alles erlaubt, was gut tut: über Äste steigen, Tannenzapfen sammeln oder einfach in der Hängematte chillen. Der Stress geht, die Entspannung kommt.

Zweiter Tipp: vom Rundweg abbiegen und mitten rein in den Wald. Langsam über Baumstämme und Äste steigen. Einen Lieblingsbaum aussuchen. Anhalten. Und eintauchen in die Natur.

Wer seinen neuen Baumfreund nicht gleich umarmen will, setzt sich einfach an den Stamm. Schließt die Augen. Und achtet mit allen Sinnen auf das, was um einen herum passiert. Wie der Wind durch die Blättert streicht. Wie der Waldboden riecht. Wie sich die Baumrinde an Kopf und Rücken anfühlt. Jetzt ganz tief durchatmen – fertig ist die kleine Wald-Meditation.

Shinrin Yoku, das Waldbaden, wurde in Japan entdeckt. Dort untersuchten Wissenschaftler, wie das Erlebnis in der Natur den stressgeplagten Stadtmenschen helfen kann. Die wichtigste Erkenntnis: Wer im Wald unterwegs ist, reduziert Stresshormone und vermehrt Abwehrzellen des Immunsystems. Wer Waldbaden liebt, den faszinieren vor allem diese natürlichen Heilkräfte, die Körper, Geist und Seele zur Ruhe bringen und sie stärken. Der Stress geht, die Entspannung kommt. Ganz von allein. Danke, Baum!

Der beste Tipp kommt zum Schluss: Eine Outdoor-Hängematte ist perfekt, um sich zu entspannen. Einfach zwischen zwei Bäumen aufhängen, einsteigen und die Welt um sich herum vergessen. Wer nicht gerne die Gedanken ziehen lässt, nimmt sich einfach ein Buch mit. Beim Waldbaden gibt's keine festen Regeln. Nur eine: Der Stress, der bleibt im Wald zurück!

FAZIT: WALDBADEN IST DER BESTE STRESS-KILLER. IN DER OUTDOOR-HÄNGEMATTE VERBRINGT MAN LOCKER EINEN TAG.

Hin & weg: Am besten mit dem Schiff bis Altnau, alternativ mit dem Zug, von dort aus zu Fuß bis zum Güttinger Wald (5 km, 1 Std. Fußweg).

Beste Zeit: Das geht immer, wer hart im Nehmen ist, kann sogar im Regen baden.

Dauer & Strecke: Einen ganzen Tag lang. Auf dem Eichen-Rundweg 4 km, 2 Std. reine Gehzeit, mit Infotafeln und Feuerstellen.

Ausrüstung: Ein Buch und eine Hängematte-to-go.

WAS FÜR EINE AUSSICHT

... bei einer Weinwanderung um Meersburg

Die Weinberge gehören zu Meersburg wie die Burg und die Uferpromenade. Bunte Farben, reife Trauben: Gerade im Herbst ist die Tour auf dem Weinkundeweg von Meersburg ins Winzerdorf Hagnau ein besonderes Erlebnis. Also Weinglas einpacken und losmarschieren.

#derHerbstistda #WeinundWandern #wasneAussicht

Das schönste Meersburger Haus liegt mitten in den Weinbergen: das Fürstenhäusle. Es gehörte Annette von Droste-Hülshoff. Die Dichterin hatte es 1843 mit dem Honorar ihres zweiten Gedichtbands ersteigert – inklusive 5000 Weinstöcken.

Ja, Meersburgs prominenteste Einwohnerin war tatsächlich Weinbergsbesitzerin. Mehr noch: Sie liebte den Wein. »Erst nach meinem Lebenslauf hört mein frohes Trinken auf!«, wird die Dichterin in Meersburg gerne zitiert.

Vom Schiffsanleger führen viele Wege hinauf. Am schönsten steigt man über steile Treppen zur Burg, wo Droste-Hülshoff lebte und starb (Öffnungszeiten gibt's auf www.burg-meersburg.de), spaziert dann rüber zum Neuen Schloss und weiter über die Stettener Straße zum roten Fürstenhäusle (Öffnungszeiten und weitere Infos auf www.fuerstenhaeusle.de).

Was für eine Traumlage! Nicht nur für das Rebhäuschen am Horizont, sondern auch für die Reben im steilen Weinberg. Da muss der Wein schmecken!

Nach so viel Prominenz steht jetzt aber der Wein an erster Stelle. Zurück zur Stefan-Lochner-Straße und dann ein paar Höhenmeter steigen, immer Richtung Parkplatz am Töbele. Hier beginnt ganz offiziell der Weinkundeweg. Und das ist nicht zu übersehen: Im September hängen hier dicht an dicht dunkle Spätburgundertrauben. Vom Wetterkreuz hat man einen grandiosen Blick auf das emsige Treiben der Winzer im Weinberg und auf den glitzernden See.

Der Weg ist einfach zu gehen, immerzu geradeaus auf geteerter Straße, mehr Spaziergang als Wanderung, den Schildern nach Richtung Hagnau. Auf halber Strecke liegt die Gedenkstätte Lerchenberg. Sie erinnert an die beiden Weltkriege – und fasziniert mit einer Traumaussicht. Wer möchte, kann hier abkürzen und am Rebhäuschen vorbei direkt hinabsteigen zum See. Doch die Dächer von Hagnau sind von hier aus schon zu sehen, also immer weiter durch den Weinberg. Etwa 30 Minuten später steht man in dem gemütlichen Winzerort.

Vom Staatsweingut in Meersburg aus hat man einfach alles im Blick: das Schloss, den Weinberg und den Bodensee. Der Höhepunkt der Weinwanderung: genießen, bis die Sonne untergeht …

In der Löwen-Bäckerei mitten im Ort isst man leckeren Kuchen, beim Winzerverein Hagnau gibt's Wein to go. Wer eine Flasche mitnimmt und sein Glas dabei hat, kann direkt am Bodenseeufer eine Weinpause einlegen. Wer es etwas edler mag, macht auf dem Uferweg zurück nach Meersburg einen Zwischenstopp im Biergarten des Rebguts Haltnau.

Aber das Ende der Tour steht ja noch aus! Auch wenn schon einige Kilometer in den Waden stecken, die steilen Stufen rauf zum Staatsweingut müssen sein (www.gutsschaenke-meersburg.de). Oben auf der Sonnenterrasse endet dann der Tag mit einem Winzerbrot und Wein. Und natürlich mit der Droste: »Erst nach meinem Lebenslauf hört mein frohes Trinken auf!«

FAZIT: DIESE WANDERUNG VERDIENT DAS PRÄDIKAT »LIEBLINGSTOUR«. EINFACH NUR SCHÖN!

Hin & weg: Mit der Bahn bis Friedrichshafen und Überlingen, weiter mit dem Bus bis Meersburg. Am schönsten mit dem Schiff der Weißen Flotte oder der Autofähre von Konstanz. Die Rundwanderung startet am Parkplatz zum Töbele am Ortsrand.

Beste Zeit: Im Herbst, wenn die Blätter bunt und die Trauben reif sind.

Dauer & Strecke: 3,5 Std., 11,5 km, viele Einkehrmöglichkeiten lassen schnell einen Tag vergehen.

Ausrüstung: Ein Weinglas – für den Drink in den Weinbergen.

EISWEIHER HOCH DREI

… bei einer Stadtwanderung in St. Gallen

160 Gramm. Für manche ein schwerwiegender Grund, St. Gallen zu besuchen. Dabei hat die Stadt viel mehr zu bieten als die berühmte Olma-Bratwurst. Wer an einem grauen Wintertag hinauf zu den Drei Weihern spaziert, verliebt sich sofort.

#Weiärä #Stadtwandern #LoveStGallen

Eiskalte Wintertage in St. Gallen: In der Mühleggschlucht sprudelt das eiskalte Wasser, bei den Drei Weihern liegt dicker Raureif auf den Gräsern.

In der Mühleggschlucht, wo einst der heilige Gallus der Legende nach den Bären traf, beginnt die Geschichte von St. Gallen – und diese bezaubernde Stadtwanderung. Steile Treppen führen hinauf, immer an der Steinach entlang. Der Fluss stürzt hier hinab in die Stadt und fließt dann immer weiter Richtung Bodensee.

Wann wird's mal wieder richtig Sommer? Bis die trubeligen Tage wieder kommen, die Ruhe und die kalte Luft genießen. Und von der Sonne träumen ...

Von der ersten Brücke hat man einen schönen Blick aufs Wasser und die Dächer von St. Gallen. Direkt vor einem liegt die Klosterkirche, ein Must-see. Doch erst einmal geht es weiter hinauf.

Am Ende der Schlucht liegt Drei Weihern. »Weiärä«, sagen die Schweizer. Eigentlich sind die drei ja fünf. Im 17. Jahrhundert angelegt für die Textilbleichen der Stadt. Doch bald badeten die Einwohner in den drei größeren Seen. Natürlich getrennt nach Geschlechtern – noch heute heißen sie Manneweiher, Buebeweiher und Frauenweiher. Hier trifft sich im Sommer St. Gallen. Baden, sonnen, chillen. Joggen, spazieren, wandern. Eis essen, picknicken, die Aussicht genießen. Programm gibt es genug, Besucher auch.

Im Winter: Ruhe. Auf den Liegewiesen nur Raureif. Auf dem Wasser: Eis. Das Milchhüsli: geschlossen. Zimtfladen und Glacé gibt's erst wieder an wärmeren Tagen. Wem es zu kalt wird, spaziert bis zum Restaurant Scheitlinsbüchel auf dem Panoramaweg. Links liegt einem die Stadt zu Füßen. Und an klaren Tagen am Horizont der Bodensee. Wow!

Nach der Seerunde geht es bequem mit der Mühleggbahn hinab ins Stiftsquartier. Jetzt ist die Stiftsbibliothek dran (am besten mit Audioguide, Infos auf www.stiftsbezirk.ch). Zwischen rund 170 000 Büchern und 2000 mittelalterlichen Handschriften ist der Winter schnell vergessen. Und auch die Füße werden wieder warm. Die stecken nämlich in dicken Filzpantoffeln – um den Holzboden zu schonen.

Vor der Heimreise gibt's noch eine Olma-Bratwurst. Mit einem Bürli. Und ohne Senf!

FAZIT: KALTER WINTERTAG? JA, BITTE! DIESE STADTWANDERUNG HAT DANN IHREN GANZ BESONDEREN REIZ.

Hin & weg: Mit dem Zug nach St. Gallen, dann zu Fuß zur Mühleggbahn im Stadtzentrum. Hoch zu den Drei Weihern – mit Bahn oder zu Fuß.

Beste Zeit: Kalte Wintertage.

Dauer & Strecke: 1,5 Std., 4 km Rundweg. Kann erweitert werden.

Ausrüstung: Alles, was wärmt. Neben Mütze und Co. auch eine Thermoskanne voll Tee, Kaffee oder Glühwein.

WINTER-GLÜCK

… bei der Schlittenwanderung in Bregenz

#42

Auf das Winterglück muss man manchmal warten. Doch wenn der Schnee endlich da ist, dann nichts wie raus! Rodelfans fahren nach Bregenz. Denn dort spaziert man am Pfänder durch den Schnee – mit dem Schlitten an der Leine.

#Bahnfrei #Winterday #Itscoldoutside

Winterwandern mit dem Schlitten an der Leine: Den besten Platz haben die Kinder. Die lassen sich einfach mal durch den Schnee ziehen.

Der Schnee knirscht unter den Schuhen. So wie früher, in Kindheitstagen. Damals hätte man sich schon längst einfach mitten hinein-

gelegt in den weichen Schnee, Engele gemacht und laut geschrien vor Glück. Schneetage sind auch für Erwachsene immer noch wunderschön. Und eine Wanderung durch das weiße Pfänder-Winterland ist richtig romantisch. Das Ziel: das Gasthaus Pfänderdohle. Dort beginnt die Schlittenabfahrt – bei genügend Schnee geht es runter bis ins Tal, 600 Höhenmeter. Leider kommen diese Glückstage immer seltener vor.

Wenn wenig Schnee liegt, schwebt man am besten mit Bahn und Schlitten hoch bis zum Pfänder oder startet am Parkplatz. Ein guter Startpunkt ist auch die Bushaltestelle Fluh, bis dort reicht der Schnee an vielen Wintertagen. Wenn viel Schnee liegt, geht es auch vom Tal aus. Der Schlitten muss dann aber viele Höhenmeter hochgezogen werden. Von der Landesbibliothek aus immer den Schildern nach in Richtung Gebhardsberg, und später in Richtung Fluh und Pfänderdohle.

Dick eingepackt und mit dem Schlitten an der Leine stapft man vorwärts. Solange niemand drauf sitzt und gezogen werden muss, ist das Schlittenwandern ziemlich entspannt. Der Schlitten macht seine Spuren im Schnee. Immer den Schildern folgen in Richtung Gasthaus. Durch den Wald geht es immer weiter. Einige Winterwanderer sind unterwegs. Kein Wunder, die Tannen sind voll Schnee, und

So sieht echtes Winterglück aus: Schnee auf den Bergen, Sonnenuntergang am Horizont. Wer vermisst da schon den Sommer?

das Bergpanorama ist grandios. So macht der Winter Spaß!

Unten in einer Kuhle liegt das Gasthaus Pfänderdohle. Selbst wenn am Bodensee kein Schnee liegt, hier in der Rodeldohle neben dem Gasthaus gibt's im Winter immer genügend Schnee, um ein bisschen zu rodeln. Vor allem Kinder lieben die kurze Piste. Nach dem Spaziergang wird der Schlitten erst mal geparkt. Drinnen im Gasthaus warten der Kachelofen und die legendären Kaiserschmarrn mit Apfelmus.

Danach wird aber gerodelt. Am Rand der Skipiste geht es los. Rauf auf den Schlitten – abstoßen – und die Rodelpiste runter. Jetzt ist es Zeit, vor Glück zu schreien, so wie früher als Kind: Wohooo!

FAZIT: WENN ES ORDENTLICH GESCHNEIT HAT, DANN BLOß KEINE ZEIT VERLIEREN UND DEN SCHLITTEN SCHNAPPEN! DENN DIESE RODELTOUR IST DIE SCHÖNSTE, DIE ES AM BODENSEE GIBT.

Hin & weg: Mit dem Zug nach Bregenz, weiter mit dem Landbus 108 zur Landesbibliothek oder zur Fluh und dann immer weiter hinauf. Geht natürlich auch direkt mit der Pfänderbahn.

Beste Zeit: Bei Schnee, na klar!

Dauer & Strecke: Bis zu 2 Std. Anstieg, 5,5 km, 550 hm, dann bergab schlitteln.

Ausrüstung: Ein Schlitten, wasserfeste Winterkleidung und am besten eine Thermoskanne voll Tee.

---

3. KAPITEL MINIURLAUB

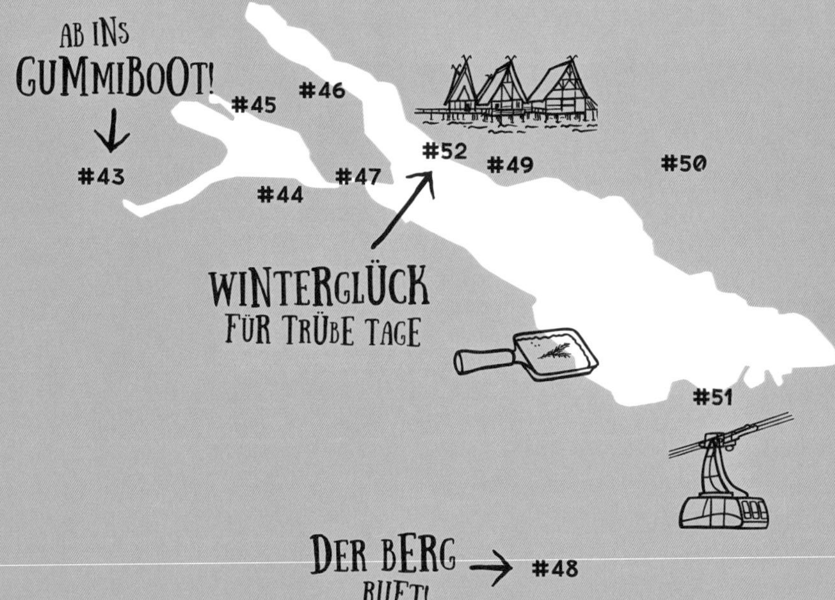

Ferien für ein Wochenende

36H

Der Bodensee ist schön, am schönsten sind 36-Stunden-Auszeiten! Grünes Gartenhopping, entspanntes Etappenwandern oder einsame Gipfeltour? Los geht's!

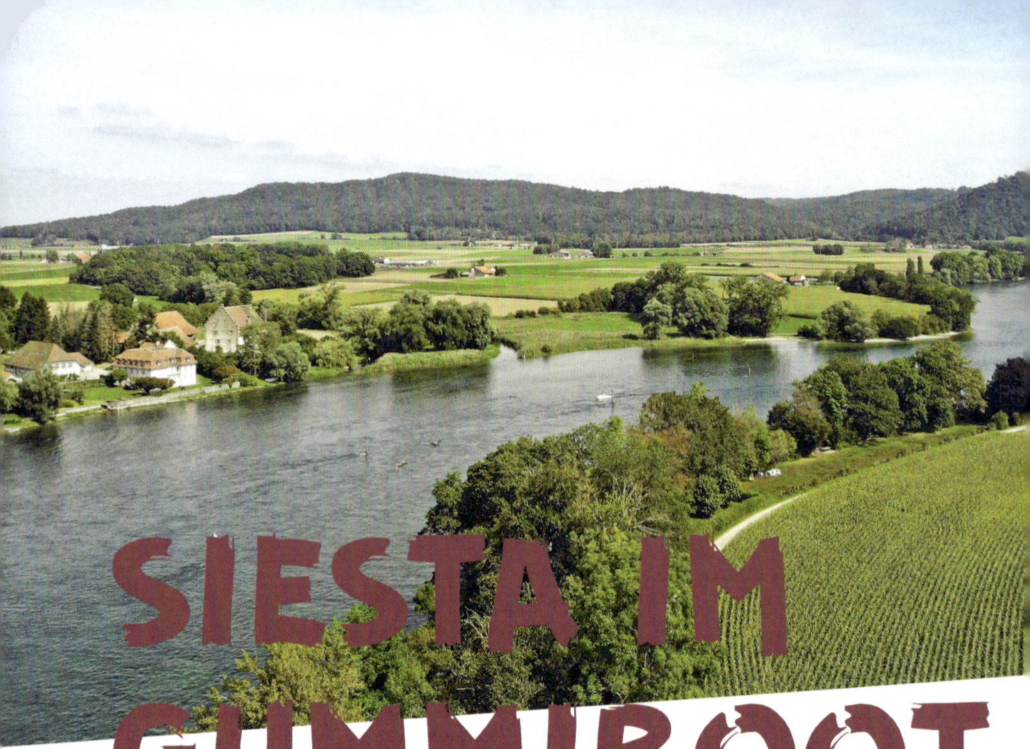

SIESTA IM GUMMIBOOT

... von Stein am Rhein den Rhein hinab

#43

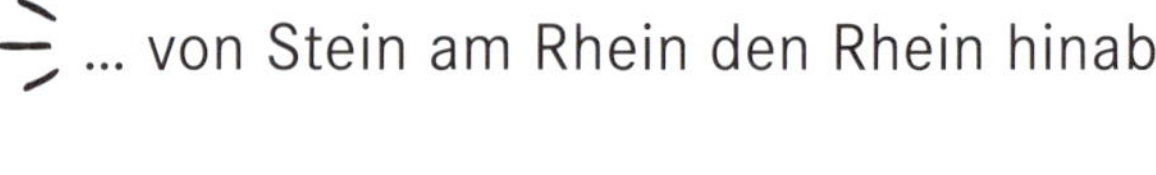

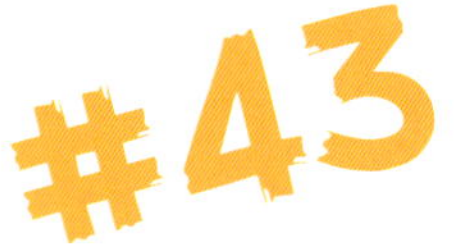

Was gibt es Schöneres, als sich am Wochenende einfach mal entspannt treiben zu lassen? Sich ein ganzes Wochenende lang treiben zu lassen, und zwar den wilden Rhein hinab! Alles, was man dafür braucht, ist ein Gummiboot – und genügend Luft.

#knallrotesGummiboot #Sünnele #Sommerliebe

Paddeln? Gar nicht unbedingt nötig. Das knallrote Gummiboot treibt mit der Strömung den wilden Rhein hinab.

Das knallrote Gummiboot sieht herrlich retro aus. Doch bis das olle Ding am Ufer von Stein am Rhein aufgepumpt ist, dauert es. Ist die Luft drin, beginnt der entspannte Teil des Abenteuers: rein in den Rhein – und sich treiben lassen.

Huiii, das Boot nimmt ganz schön Fahrt auf. Rechts zieht das Strandbad von Stein am Rhein vorbei, links die Propstei Wagenhausen. Paddeln? Nö, nicht nötig. Die Strömung macht's. Stattdessen: Siesta! Oder »sünnelle«, wie die Schweizer sagen. Entspannt in der Sonne liegen.

Ob sich das Böötli gerade in der Schweiz oder in Deutschland rumtreibt, weiß an Bord niemand. Die Grenze verläuft im Zickzack – genau wie der Kurs der Ausflugsschiffe. Auf die muss man achten, sie haben Vorfahrt. Also immer außerhalb der Schifffahrtsrinne fahren. Wo die langgeht, zeigen grün-weiße Rauten: Die Schiffe fahren auf der grünen Seite, alle anderen auf der weißen. Achtung: Strömung – deshalb auch um die Wiffen (Markierungsstangen) einen großen Bogen machen.

Kurz hinter Stein am Rhein wird das rechte Ufer schön wild. Im Winter rasten hier Zehn-

Paddeltour mit tierischer Begleitung: Der Rhein ist ein echtes Naturparadies. Vom Wasser aus kann man nicht nur Fische und Vögel beobachten, auch der Blick ans wilde Ufer ist traumhaft.

tausende Wasservögel, im Sommer kann man Eisvögel beobachten. Fische sowieso, das Wasser ist herrlich klar. In Hemishofen treibt das Gummiboot unter einer großen Eisenbahnbrücke hindurch. Die Einheimischen erzählen, Gustave Eiffel habe sie 1875 erbaut. Ja genau, der vom Eiffelturm. Die Geschichte ist schön, stimmt aber wohl nicht. Die beste Attraktion ist sowieso der Rhein. Der schlängelt sich immer weiter.

Über die alte Rheinbrücke in Diessenhofen spaziert man ganz einfach hin und her, zwischen der Schweiz und Deutschland. Und an Bord ist das Wichtigste: sünnelen!

An heißen Tagen ist man selten allein. Dann dümpelt auf dem Wasser alles rum, was schwimmen kann: Luftmatratzen, Einhörner, Rettungsringe, Schwimminseln. Und wenn der Sommerhimmel bewölkt ist: Ruhe! Das Wasser leuchtet tieftürkis, das Ufer dunkelgrün. Einsame Sandbuchten locken, vor allem nach dem Strand an der Bibermühle. Also Ufer ansteuern, anlegen, ausruhen. Und irgendwann weitertreiben lassen, vorbei an Wald, Wiesen und wunderschönen Orten.

Wem die Luft ausgeht, der paddelt in Diessenhofen Richtung Rheinbrücke und legt kurz davor am linken Ufer an der Rhybadi an. Im verträumten Mittelalterstädtchen vertreibt man sich die Zeit. Isst ein Gipfeli in der Klosterbäckerei. Bestaunt den Siegelturm. Spaziert über die alte Rheinbrücke aus Holz ins deutsche Gailingen. Blickt von der Liegewiese der Rhybadi auf den Rhein.

Wer den Tag nicht komplett in der Rhybadi vertrödelt, steigt wieder ins Boot, lässt sich weiter treiben, immer flussabwärts. Vorbei am Kloster St. Katharinental, der Kartause Büsingen bis nach Schaffhausen – und natürlich vor dem Rheinfall aussteigen!

FAZIT: DER RHEIN – EIN TRAUM. WER KEIN EIGENES GUMMIBOOT HAT, LEIHT SICH EINFACH EINES. DENN DIESE TOUR DARF NIEMAND VERPASSEN!

Hin & weg: Mit Bahn oder Auto nach Stein am Rhein, Start am Parkplatz beim Stadtgarten, dort Boot aufpumpen und an der offiziellen Stelle in den Rhein rein. Zurück geht's von Schaffhausen mit Zug oder Schiff: Luft raus, Gummiboot rein!

Beste Zeit: Sommer, und zwar werktags oder wenn es bewölkt ist.

Dauer & Strecke: Nach Lust und Laune treiben lassen. Spätester Ausstieg ist Salzstadel Schaffhausen (Kanuclub), weißes Gebäude ca. 200 m vor der Eisenbahnbrücke; 3–4 Std., 10 km bis Diessenhofen, weitere 10 km bis Schaffhausen.

Ausrüstung: Gummiboot, Luftpumpe und Flickset! Unbedingt Schwimmweste an Bord haben (vor allem für Kinder), Unfälle können aufgrund der Strömung gefährlich werden (Wasserstand beachten).

Wenn es Nacht wird: Zentral und günstig schläft man in der Jugendherberge Stein am Rhein (CH) (www.youthhostel.ch/de/hostels/stein-am-rhein/). Dort gibt's auch Einzel- und Doppelzimmer - und ein Lunchpaket für die Tour.

GARTEN-HOPPING

… rund um Schloss Arenenberg im Thurgau

Was für ein Garten! Und was für ein Blick! Wer auf der Terrasse von Schloss Arenenberg steht, kann es kaum fassen. Der Thurgau ist ein Paradies. Prächtige Parkanlagen, wilde Weinberge und bunte Bauerngärten: Hier bleibt jeder gerne ein Wochenende.

#Gartentraum #GrünGrünGrün #Traumblick

So lässt es sich leben: Traumblumen – und Traumaussicht. Schloss Arenenberg liegt einfach fantastisch.

Wer auf der Terrasse von Schloss Arenenberg über Land und See blickt, wundert sich nicht, dass Thurgauer und Konstanzer Adlige hier schon im Mittelalter einen Lustgarten anlegten. Auf einem Rundweg spaziert man durch 600 Jahre Gartengeschichte. Über steinige Treppen und verwunschene Wege, vorbei an großen Wasserfontänen und lieblichen Sitzplätzen. Eine Grotte und ein Eiskeller verstecken sich auf dem großen Gelände. Und auch eine Eremitage.

Königin Hortense de Beauharnais hat hier gelebt. Die Stieftochter von Kaiser Napoleon Bonaparte kam nach der verlorenen Schlacht von Waterloo nach Konstanz ins Exil und verliebte sich in den wunderschönen Ort. Also kaufte sie Schloss samt Anwesen, machte den Arenenberg zu ihrem Exilsitz und baute rundherum diesen prächtigen Landschaftspark. Ihr Sohn Charles Louis Napoléon, der spätere Kaiser von Frankreich, unterstützte sie dabei.

In der Zeit nach 1833 prägte er die Arenenberger Gartenkultur. Lange war das Erbe der Bonapartes verschüttet, erst 2007/2008 wurde die historische Parkanlage rekonstru-

Grün, grüner, am grünsten: Im Lehrgarten der Landwirtschaftsschule wachsen Kraut und Mangold um die Wette. Ernten ist verboten – Bewundern erlaubt.

iert. Umso schöner, dass man heute wieder frei durch die kaiserlichen Gärten schlendern kann. Gartenfans kommen hier voll auf ihre Kosten – und alle anderen zur Ruhe. Pflanzen, Farben, Gerüche. Der Blick auf den Untersee. Die frische Luft. Ein Traum!

Doch das ist noch lange nicht alles. Rüber über die Straße, und weiter geht das Gartenhopping. Erst mal in den Lehrgarten der Landwirtschaftsschule. Riesige Sonnenblumen neben bunten Gladiolen, Kohlköpfe wachsen mit Mangold um die Wette. Im Gewächshaus riecht es nach Tomaten und im Kräutergarten nach Basilikum. Danach noch weiter zum Schaubauernhof, von der Besuchertribüne den Milchviehstall der Zukunft bestaunen. Denn der Arenenberg ist nicht nur ein Park, seit mehr als hundert Jahren werden hier Landwirte ausgebildet.

Wer erfahren möchte, wie Hortense mit ihrem Sohn Louis lebte, dem späteren Kaiser Napoleon III., flaniert danach noch durchs Schloss.

Entspannen im Garten: Ruhige Rückzugsorte helfen dabei. Bunte Blumen kann man in den Bauerngärten in Ermatingen bewundern.

Oder gönnt sich im Bistro Louis Napoléon eine kleine Auszeit mit Kuchen. Und abends kann man kaiserlich im Hauptgebäude des Schlossguts übernachten.

Am nächsten Morgen geht das Gartenhopping weiter. Ein kurzer Spaziergang zum Nachbarort Ermatingen. Die liebliche Landschaft des Thurgaus ist mit ihren Streuobstwiesen und Bäumen selbst wie ein großer Naturgarten. Und in Ermatingen findet man herrliche Riegelhäuser und bunte Bauerngärten. Wer im Mai und Juni unterwegs ist, macht einen Abstecher zum Wildrosenpfad. Und zum Abschluss unbedingt bei Blumen & Kaffee einkehren (Untere Seestrasse 60). Dort gibt's nicht nur Kaffee und frisches Gebäck, sondern die Lieblingsblüten zum Mitnehmen.

FAZIT: EGAL, OB BAUERNGARTEN ODER KAISERLICHER PARK, DIE GÄRTEN SIND EIN TRAUM – NICHT NUR FÜR GARTENFREUNDE.

Hin & weg: Am schönsten mit dem Schiff zum Schiffsanleger Mannenbach, dann zu Fuß (20 Min.) zum Schloss Arenenberg.

Beste Zeit: Sommer oder Herbst, der Garten rund um Schloss Arenenberg ist von Sonnenauf- bis Sonnenuntergang frei zugänglich.

Dauer: Ein entspanntes Wochenende lang.

Ausrüstung: Nur Zeit, sonst nichts.

Wenn es Abend wird: Kaiserlich schläft man im Hauptgebäude des Schlossguts (www.napoleonmuseum.tg.ch). Tipp: Zimmer mit Seeblick buchen! Und die Liegewiese am See nicht verpassen.

HUNDERT PROZENT NATUR

#45

Am Ende der Straße steht ein Haus am See. Wer ankommt, fühlt sich sofort wohl. Das liegt nicht nur daran, dass sich im Naturfreundehaus Markelfingen alle duzen. Es liegt an der Natur. Der See liegt hier wirklich vor der Haustür – und sorgt für totale Tiefenentspannung.

#blaueStunde #HausamSee #entspannteAuszeit

Blaue Stunde am Markelfinger Winkel: In den Abendstunden ist die Stimmung ganz besonders. Egal, ob am Ufer oder mitten auf dem See. Einfach genießen!

Fernseher und Radios gibt es hier nicht. Die Natur ist das Programm – und zwar das allerschönste überhaupt. Also erst mal raus auf den Balkon, und sich die Naturdoku live ansehen. Morgens ziehen die Nebelschwaden über den Markelfinger Winkel, mittags glitzern die Bodenseewellen in der Sonne, abends leuchten Himmel und Wasser in den schönsten Blautönen, nachts die Sterne.

Wer sich sattgesehen hat, macht am besten sein eigenes Programm. Das ist hier wirklich einfach, denn das Naturfreundehaus bietet Natur pur. Der grüne Bodanrück liegt hinterm Haus, der Bodensee vor der Haustür. Und hier im Markelfinger Winkel ist der See besonders bezaubernd: Das Ufer ist herrlich unverbaut – nur Schilfhalme, keine Häuser!

Die Kajaks liegen im Garten bereit. Nach dem Abendessen geht es noch hinaus. Sanft und leise gleitet man im Wasser vorwärts. Paddelschlag für Paddelschlag. Tiefblau liegt der See da. Kein Mensch vor einem, neben einem, hinter einem. Nur die Bodenseewellen. Und ein paar Enten. Am Horizont der Säntis, am Himmel die Wolken. Blaue Stunde auf dem Wasser – was für ein Luxus! Die Weite. Das Licht. Das Draußensein ...

In Deutschland gibt es rund 400 Naturfreundehäuser, meist liegen sie in besonderen Naturschutzgebieten. Das Freizeitprogramm findet natürlich draußen statt, die Mitarbeiter helfen einem gerne mit Tipps und Ideen. Alle sind willkommen, wochentags Schulklassen, am Wochenende Familien und Gruppen. Sanfter

Ab nach draußen: Direkt vor der Haustür gibt's so viel zu erleben. Erst mal eine Runde Beachvolleyball, dann im Kajak raus auf den See.

Tourismus soll in den Häusern gelebt werden, und zwar so: Gäste kommen mit Bus und Zug, Lebensmittel direkt aus der Region.

Der Tag im Naturfreundehaus Markelfingen startet mit einem genialen Bircher Müsli – und dem Blick auf den See. Die wichtigste Frage: Was steht heute auf dem Programm? Ein Buch lesen auf dem Bootssteg. Wolken und Schiffe beobachten von der großen Liegewiese. Ein Steinmännchen am Ufer bauen. Spazieren gehen auf dem Bodanrück. Ein Rad mieten und bis zum Mindelsee fahren (Eskapade #6). Oder doch lieber mit dem Kanu rüberpaddeln zur Mettnau-Halbinsel (Eskapade #16)? Eines ist sicher: Langweilen wird sich hier niemand. Also ab nach draußen!

FAZIT: HUNDERT PROZENT ENTSPANNUNG! UND NATUR PUR IM NATURFREUNDEHAUS.

Hin & weg: Mit dem Zug bis Radolfzell, dann mit dem Bus zur Haltestelle Naturfreundehaus (nur vom 1. April bis 1. Oktober) oder mit dem Regionalzug Seehas zum Bahnhof Markelfingen (Fußweg am See entlang 15 Min.).

Beste Zeit: Im Spätsommer, dann ist es besonders ruhig am See.

Dauer: Mindestens ein ganzes Wochenende lang.

Ausrüstung: Nichts außer Badesachen. Alles andere kann man leihen oder zu Hause lassen, vor allem das Smartphone.

Wenn es Nacht wird: Das Naturfreundehaus bietet verschiedene Schlafmöglichkeiten. Gemütliche Zimmer mit genialem Seeblick vom Balkon, Studios mit Kochgelegenheit oder ein paar Zeltplätze am See. Dazu regionale Küche und familienfreundliche Preise (www.naturfreundehaus-bodensee.de).

DER WEG IST DAS ZIEL

Wer auf dem SeeGang unterwegs ist, erlebt den Bodensee von seiner ruhigen Seite. Auf rund 50 Kilometern verbindet der Wanderweg Konstanz mit Überlingen, und zwar in vier Etappen. Besonders schön ist das Stück von Wallhausen bis Sipplingen. 26 Kilometer lang – ganz entspannt in zwei Tagen.

#SchrittfürSchritt #Entschleunigung #Weitwandern

Spaziergang mitten im Grünen: Der SeeGang führt am Wasser entlang, unter Bäumen hindurch und übers weiche Gras. Wie wär's mit Barfußgehen?

In Wallhausen ist das Ende schon in Sicht: Über den See blickt man bis Sipplingen, das morgige Ziel. Doch erstmal starten. Immer den Schildern nach, der SeeGang ist gut markiert. Die erste Strecke von der Vesperstube Burghof zum Bodenseeufer beim Teufelstisch macht gute Laune. Kleine Bäche, wilde Tobel, ab und zu über einen umgestürzten Baum – und mitten über den Golfplatz. Denn die Marienschlucht hinter Wallhausen ist leider noch gesperrt, deshalb gibt es eine Umleitung.

Für den ersten Höhepunkt Burg Altbodman, weit oben im Wald über dem See gelegen, muss dann der Bodanrück bezwungen werden. Es geht durch dunkle Wälder und weite Wiesen, teils direkt entlang an der Steilkante über dem Überlinger See. Der Höhenweg führt immer weiter Richtung Hofgut Bodanwald. Wer möchte, rastet dort – nicht ohne zuvor die Bisons besucht zu haben.

Von hier aus ist es nicht mehr weit zur Burgruine. Den tiefen Hohlweg hinab, schon ist man da. Erst mal die Aussicht genießen! Die Stammburg der Herren von Bodman stand ursprünglich am gegenüberliegenden Frauenberg. Ein Blitzschlag während eines Familienfestes zerstörte 1407 nicht nur die Burg, sondern tötete einen Großteil der Adelsfamilie. Nur der einjährige Johannes von Bodman überlebte, weil seine Amme ihn in einem großen Kessel aus dem Fenster warf, der in den Büschen hängen blieb. Er soll hier die Burg Altbodman erbaut haben, heute ist sie nur noch eine Ruine.

Im Zickzack geht's nun immer weiter bergab Richtung Bodman – das Tagesziel. Am Seeufer kommt dann die Belohnung: Füße rein ins kalte Wasser!

Hin & weg: Mit Schiff oder Zug nach Konstanz, weiter mit der Ringlinie 13/4 nach Wallhausen, dann zu Fuß bis Sipplingen. Zurück mit Bus oder Schiff.

Beste Zeit: Das geht immer. Aktuelle Infos unter www.premiumwanderweg-seegang.de

Dauer & Strecke: 1. Tag 6 Std., 18,5 km von Wallhausen bis Bodman. 2. Tag 2,5 Std., 7,5 km, von Bodman bis Sipplingen (reine Wanderzeit).

Ausrüstung: Bequeme Wanderschuhe, Rucksack, Karte. Blasenpflaster kann nie schaden.

Wenn es Nacht wird: Unterkünfte gibt es viele, besonders schön und mit Seeblick übernachtet man in Bodman im Hotel Anker (www.anker-bodman.de).

Vögel flattern übers Wasser, Schilfhalme tanzen im Wind: Die Mündung der Aach ist der perfekte Pausenstopp für alle, die Tiere und Natur lieben.

Tag zwei startet spektakulär: im Naturschutzgebiet Aachried, direkt am Ortsrand von Bodman. Hier mündet die Aach. Es zwitschert und flattert. Das Aachried ist Heimat für viele Vögel: Nachtigallen, Eisvögel oder Teichrohrsänger. Und auch Brutplatz, deshalb unbedingt auf den Wegen bleiben. Auf der Aussichtsplattform blickt man über den Bodensee und erfährt ganz nebenbei so einiges über die Tier- und Pflanzenwelt.

Die Zeit verfliegt, ohne dass man weiter vorangekommen ist. Im Aachried gibt es einfach so viel zu beobachten. Gut, dass die heutige Etappe bis zum Ziel nicht weit ist: Bis Sipplingen sind es nur noch fünf Kilometer.

FAZIT: AUSPROBIEREN! SCHRITT FÜR SCHRITT LÄSST MAN DEN ALLTAG ZURÜCK.

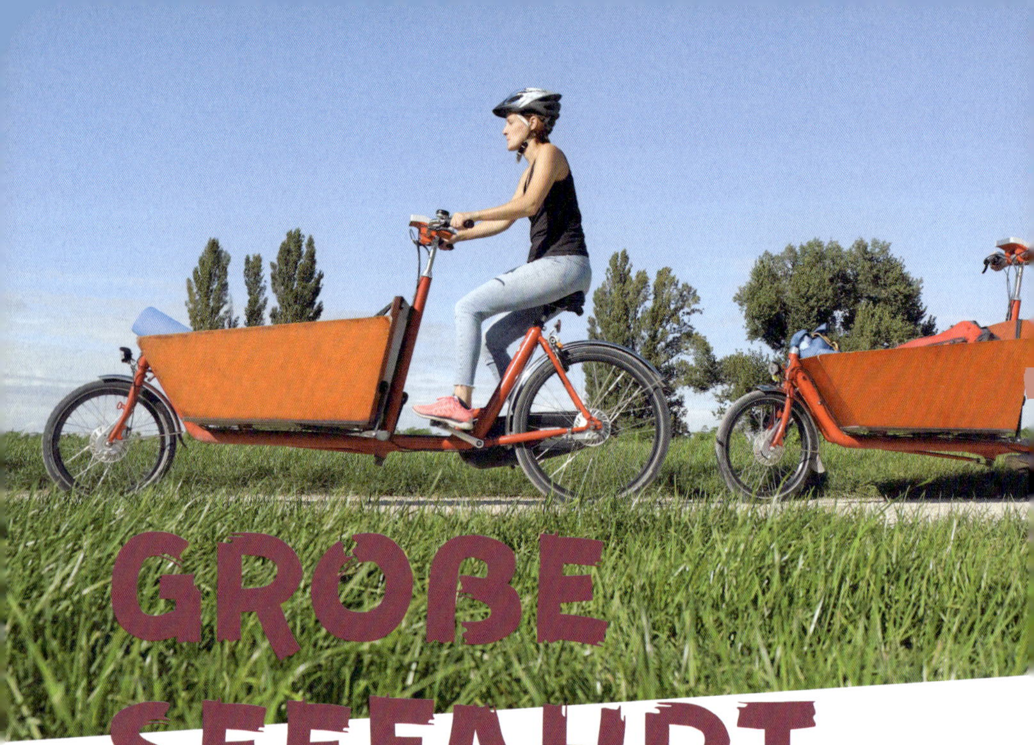

GROßE SEEFAHRT

... mit dem Lastenvelo um den Untersee

#47

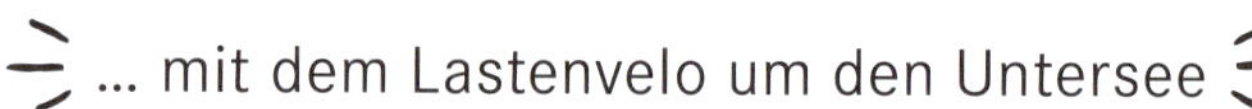

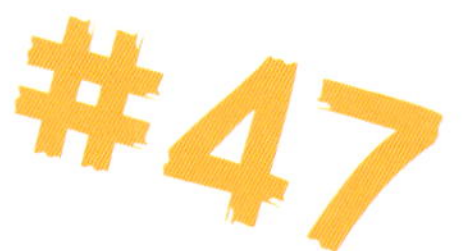

Einmal rund um den Untersee – und zwar auf zwei Rädern und mit voll gepackter Kiste. Mit dem Lastenrad geht's von Konstanz auf große Seefahrt. Unterwegs gibt's viel zu sehen, tolle Badestellen und viele Campingplätze zum Übernachten. Mehr brauchen Radler nicht – außer ein bisschen Rückenwind.

#Lieblingslaster #Radabenteuer #reinindiePedale

Ab in die Kiste! In das Lastenrad passt richtig viel rein. Wenn alles drin ist, kann die Wochenendausfahrt losgehen.

Was für 'ne Kiste! Genauso sperrig sieht das Ding mit der Holzkiste auch aus. Aber in die passt auf jeden Fall locker alles rein, was man so braucht für ein Campingwochenende: Zelt, Schlafsack, Isomatte, Rucksack, Schwimmsachen, Proviant.

Rund 50 Lastenräder warten in Konstanz darauf, ausgeliehen zu werden: für den Transport von Kindern oder Bierkisten. Warum nicht auch für einen kleinen Wochenendtrip? Reservieren kann man zwar nicht, aber meistens stehen freie Räder rum, irgendwo an Stationen im Stadtgebiet. Vorab kostenlos registrieren, dann kann man online oder mit der App schauen, wo der nächste Laster steht. Nichts wie hin, Code eingeben, Schloss öffnen – losradeln.

Die Station am Ellenrieder Gymnasium ist ein guter Ausgangspunkt für die Seefahrt mit dem Lastenrad. Vor dem Start noch einen Cappuccino im Stadtkind Konstanz – und dann ab durch die Mitte. Alle Wege führen an den Seerhein. Die Route ist ab jetzt ganz einfach zu finden: immer flussabwärts.

Wer noch nie auf so einem Laster saß, sollte sich anfangs etwas Zeit nehmen, um sich einzugrooven. Die ersten Meter mit dem Las-

Und abends? Campingplatz ansteuern, Kiste ausladen, Zelt auspacken. Eine Nacht am See ist der perfekte Kurzurlaub. Und der Alltag schnell vergessen ...

tenvelo sind noch wackelig, doch schnell gewöhnt man sich an Länge und Gewicht. Und dann macht die Fahrt mit der Kiste unglaublich viel Spaß. Besonders natürlich bei Sonnenschein und mit ordentlich Rückenwind.

Erst mal rüber in die Schweiz und bis Gottlieben auf einem schmalen Pfad direkt am Seerhein radeln, vorbei an der Badi Tägerwilen (Eskapade #12). Wer sich noch nicht ganz sicher ist mit dem Lastenvelo, bleibt auf

Der Weg ist das Ziel – und zum Glück einfach zu finden: immer am Untersee entlang. Wer eine Pause braucht, parkt die Kiste und sonnt sich am See.

dem breiten Bodensee-Radweg. Der führt als Radwanderweg 2 am Untersee entlang. Die Haare flattern im Wind, das Lastenrad rollt über Hügel und durch Gemüsefelder. Immer mit Blick aufs Wasser. Was für eine Seefahrt!

Die Kilometer fliegen dahin, die Orte auch. Ermatingen mit den Fischerhäuschen ist schön, aber noch ist es zu früh für eine Kaffeepause. Den trinkt man herrlich auf dem Arenenberg – mit Blick aufs Napoleonschloss (Eskapade #44). Aber der Weg ist steil, also besser weiter nach Steckborn. Und so langsam wird es ja auch Zeit, das Zelt aufzuschlagen. Besonders schön ist das auf dem Campingplatz Hüttenberg. Wer kein Zelt hat, mietet sich für eine Nacht einfach ein gemütliches Podhaus. Auch in Stein am Rhein gibt's einen einfachen Campingplatz, genau in der Mitte der Tour.

Wer möchte, fährt weiter auf die Höri. Doch Achtung: Jetzt kommen die Steigungen, in Kattenhorn und von Wangen rauf nach Hemmenhofen. Doch jeder Kilometer Schwitzen lohnt sich. Der Campingplatz Horn liegt direkt am Seeufer. Erst Zelt aufbauen, dann ein kühles Radler mit Seeblick. Das hat man sich verdient. Am nächsten Tag geht's mit dem neuen Lieblingslaster zurück nach Konstanz. Oder am übernächsten.

FAZIT: PSSST, NICHT WEITERSAGEN, SONDERN SCHNELL MACHEN. DIESE TOUR UM DEN UNTERSEE IST EINFACH EIN TRAUM!

Hin & weg: In Konstanz gibt es knapp 30 Lastenrad-Mietstationen, zum Beispiel am Ellenrieder Gymnasium (Ecke Garten-/Brauneggerstraße). Vorab registrieren in der App, alle Infos gibt's auf www.konrad-konstanz.de

Beste Zeit: Ein ganzes Sommerwochenende. Und zwar außerhalb der Ferien, denn dann kann es eng werden auf den Campingplätzen.

Dauer & Strecke: 7–8 Std. reine Fahrzeit, 75 km.

Ausrüstung: Lastenrad – da passt alles andere rein. Geht aber auch mit Packtaschen oder Anhänger. Personalausweis für die Schweiz nicht vergessen.

Wenn es Nacht wird: Ab ins Zelt! Campingplätze gibt es unterwegs so viele, dass jeder nach Lust und Kondition anhalten kann. Besonders schön ist der Platz in Hüttenberg mit Podhäusern und Pool (www.huettenberg.ch). Oder der in Horn. Hier stehen die Zelte im Kreis auf einer grünen Wiese, Autos haben auf dem Campingplatz nichts verloren (www.campingplatz-horn.de).

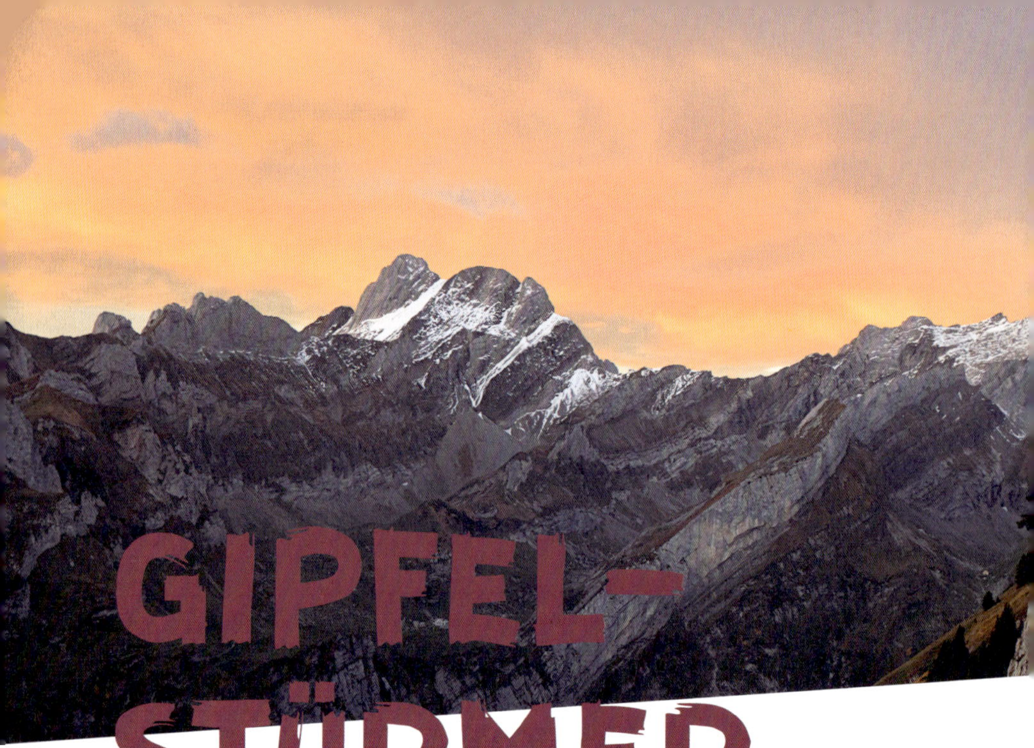

GIPFEL-STÜRMER

… bei der Bergtour im Alpstein

#48

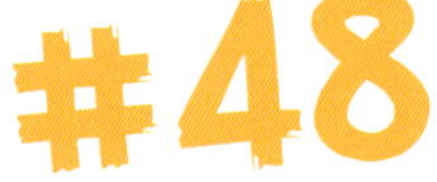

Zu viel los? Dann auf in die Berge! Bei dieser Bergauszeit bleibt der Alltag einfach im Tal. Denn hoch oben im Appenzellerland sieht die Welt gleich ganz anders aus. Und der Blick auf den dunklen Bodensee und die felsigen Berggipfel macht einfach nur glücklich.

#100ProzentSchweiz #dieBergeundich #MicroSabbatical

Berühmte Schönheit: Das Berggasthaus Aescher thront spektakulär zwischen steilen Felsen.

Sechs Minuten Panoramafahrt, so startet das Bergabenteuer. Leise schwebt die Luftseilbahn von Wasserauen hinauf, über bunte Bäume, weite Wiesen und die Hügel des Appenzeller Lands. Vor einem taucht der Hohe Kasten auf. An der Felswand geht's immer höher. Der Alltag bleibt schon jetzt zurück, weit unten im Tal.

Wandern im Alpstein ist beliebt, der Blick auf Bodensee und Berge gigantisch. Die Touren sind gut zu gehen. Und der Säntis ist nah. Am Wochenende und in den Ferien wird es darum schon mal voll. Nicht an einem sonnigen Herbsttag. Und schon gar nicht nachmittags. Nur wenige wollen noch hinauf. Die meisten sind schon lange auf dem Weg ins Tal. Dabei beginnt jetzt die schönste Zeit! Also los zum ersten Zwischenziel: dem Berggasthaus Aescher.

Der Weg führt steil hinab, wird schmaler und geht dann mitten hinein in die dunkle Wildkirchli-Höhle. Tafeln verraten die Geschichte: Höhlenbären lebten hier, ihre Skelette wurden gefunden. Direkt neben der Höhle stehen eine Kapelle (das Aescher Wildkirchli) und das Eremitenhaus, ein magischer Ort für eine Pause.

Danach wird der Weg spannend: Ein Holzsteg führt am steilen Fels vorbei, der Blick ins Tal ist wunderschön. Einmal um den Fels – da

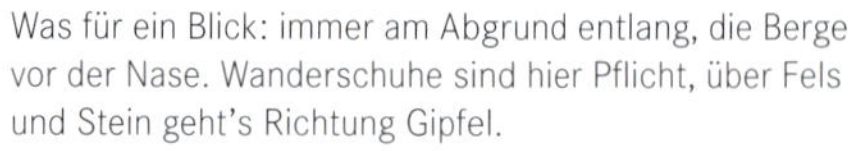

Was für ein Blick: immer am Abgrund entlang, die Berge vor der Nase. Wanderschuhe sind hier Pflicht, über Fels und Stein geht's Richtung Gipfel.

steht es schon: das Berggasthaus Aescher, direkt an der 100 Meter hohen Felswand zur Ebenalp. Schöner als auf jedem Foto! Schnell noch einen Appenzeller Bärlibiber und einen Kaffee auf der Terrasse genießen, bevor die Sonne hinter dem Felsen verschwindet.

Anschließend trennen sich die Wanderwege: Wer sportlich unterwegs und vor allem schwindelfrei ist, geht über den Fuessler entlang des Höhenwegs Richtung Altenalp und steigt dann auf dem steilen, teilweise mit Drahtseilen gesicherten Weg hinauf zum Berggasthaus Schäfler. Der Aussichtsgipfel auf knapp 2000 Metern über dem Bodensee hat ein gigantisches Rundumpanorama – und gemütliche Zimmer für die Nacht. Aber es gibt auch eine einfachere Route: vom Aescher über einen kürzeren, aber steilen Pfad zurück aufs Ebenalp-Plateau. Dort kann man im Berggasthaus Ebenalp übernachten. Und sogar schon, wenn man mit der Seilbahn ankommt, das Gepäck deponieren.

Egal ob oben auf der Ebenalp oder ganz oben beim Schäfler: Kurz bevor die Sonne untergeht, kommt der allerschönste Teil der Berg-

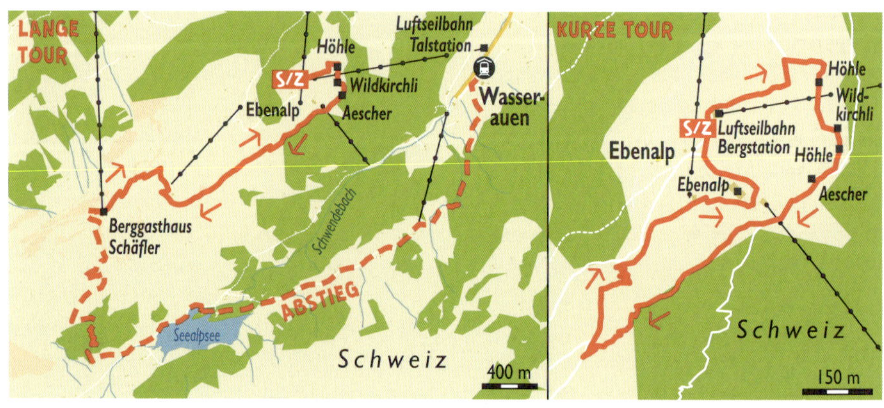

Abendstimmung in den Bergen: Wenn die Sonne untergeht, glitzert der Bodensee am Horizont. Das Wanderbänkli ist zum Glück noch frei. Hier sitzt man in der ersten Reihe.

auszeit. Die Sonne steht tief. Das Licht wird intensiver. Die Felswände strahlen rot. Plötzlich wird einem bewusst: Ich bin allein! Nur die Berge und ich. So fühlt sich Freiheit an. Noch ein letzter Blick auf die Lichter am Bodenseeufer und die Sterne, dann ab ins Bett. Morgen geht's früh raus, den Sonnenaufgang darf niemand verpassen. Danach vor allen anderen auf steilen Pfaden zum Seealpsee absteigen, ein Ruderboot mieten, in einem der Gasthäuser einkehren. Und später: zurück ins Tal – zu Fuß oder schwebend mit der Bahn!

FAZIT: HOHE GIPFEL, WEITE AUSSICHT UND GANZ VIEL RUHE. DIESE BERGAUSZEIT MACHT EINFACH GLÜCKLICH!

Hin & weg: Mit der Bahn über Appenzell zum Bahnhof nach Wasserauen, direkt gegenüber mit der Luftseilbahn hoch zur Ebenalp (die Bahn fährt ganzjährig, Infos auf www.ebenalp.ch).

Beste Zeit: Im Herbst, wenn der Wald leucht. Generell Wochenende meiden, da ist ziemlich viel los.

Dauer & Strecke: Sportliche Tour zum Berggasthaus Schäfler 2 Std., 3,5 km, 700 hm; gemütlichere Rundtour vom Berggasthaus Ebenalp 1,5 Std., 2,5 km, 500 hm. Am nächsten Tag Abstieg über den Seealpsee. Die Touren können erweitert, verkürzt und kombiniert werden – auch mit der Luftseilbahn.

Ausrüstung: Feste Wanderschuhe, Sonnen- und Regenschutz, warme Kleidung.

Wenn es Nacht wird: Das Bergasthaus Ebenalp (www.gasthaus-ebenalp.ch) liegt ideal an der Bergstation der Ebenalpbahn. Wer noch höher hinauswill, übernachtet im Berggasthaus Schäfler in herrlich nostalgischen Zimmern (www.schaefler.ch).

SÜẞE VERFÜHRUNG

… im Apfelparadies in Kippenhausen

Jeden Herbst verwandelt sich Kippenhausen. Dann wird in dem kleinen, gemütlichen Ortsteil von Immenstaad gepflückt und gemostet. Erntezeit ist die schönste Zeit im Jahr – auch für Besucher. Denn wenn die Äpfel an den Bäumen hängen, fühlt man sich hier wie im Paradies.

#süßeFrüchtchen #himmlischeObstrunde #anAppleADay

Herbstzeit ist Apfelzeit, zumindest in Kippenhausen. Hier dreht sich alles um die süßen Früchtchen.

Rechts, links, überall: Äpfel, so weit das Auge reicht. Und was für welche! Am liebsten würde man sich einen frisch vom Baum pflücken und direkt reinbeißen. Aber Halt – wie war das noch mal mit der Schlange und dem Apfel?

Bevor man aus dem Apfelparadies vertrieben wird, bleibt das süße Früchtchen besser am Baum. Der Apfelrundweg in Kippenhausen führt ja zum Glück nicht nur an den Bäumen, sondern auch an den Hofläden vorbei. Da sollte sich doch sicherlich was Leckeres finden. Aber erst mal geht es weiter rein in den riesigen Obstgarten.

Jonagold, Braeburn, Elstar, Gala: Unglaubliche 1,6 Milliarden Äpfel werden jedes Jahr rund um den Bodensee geerntet. Wer zur Apfelernte in Kippenhausen ist, kann das genau beobachten. Ein Traktor knattert über den Feldweg, der Anhänger ist voll beladen mit Kisten voller Äpfel. Und da, zwischen den Bäumen, da werden sie vorsichtig von Hand gepflückt und in die Kisten gelegt.

Im Herbst ist es hier wunderschön. Die Luft klar, die Berge nah. Und wenn die Herbstsonne vom Himmel strahlt, trotzdem oft noch herrlich warm. Nur einen Kilometer ist

Am Baum und unterm Netz – überall Äpfel. Auf dem Apfelrundweg kommt man ihnen ganz nah und spaziert mitten durch die vollen Obstplantagen.

es bis zum Bodensee – und doch ist es hier herrlich ruhig. Und dann diese Lage: ein Dorf, komplett umringt von Weinbergen und Obstplantagen. Mitten im Grünen kann vermutlich jeder sofort entspannen.

Ein Schild zeigt an: Hier geht's hinauf zum Homberg. Doch für den Aussichtspunkt ist morgen noch Zeit. Dann am besten einen Picknickkorb und das Fernglas mitnehmen und es sich richtig gemütlich machen. Der

Nicht nur Äpfel wachsen in Kippenhausen: Vom Homberg aus blickt man über den Weinberg bis zum Bodensee. Was für eine Aussicht!

Blick über den See bis zu den Alpen ist grandios. Vor allem im Herbst, wenn Blätter und Äpfel gelb und rot um die Wette leuchten.

Auf dem Apfelrundweg kann man viel lernen, er führt von Tafel zu Tafel, rüber ins Nachbardorf Frenkenbach und dann zurück, immer Richtung Dorfmitte. Wer Glück hat, sieht, wie Saft oder Schnaps gemacht wird (z. B. am Apfelhof Röhrenbach/Altenbergstraße 2). Am Ende gibt's Äpfel frisch vom Baum. An den Obstständen der Kippenhauser Bauern darf man zugreifen. Nein, man muss! Alles andere wäre wirklich eine Sünde.

Süße Variante

4 Boskoop-Äpfel
50g Nüsse (gehackt)
25g Rosinen (gehackt)
100g Marzipanrohmasse
Butter, Zucker, Zimt nach Belieben

Herzhafte Variante:

4 Boskoop-Äpfel
1 Zwiebel
100 g Schinkenwürfel
1 Camembert
Speckscheiben

Kerngehäuse entfernen, Hohlraum mit herzhaftem oder süßem Inhalt füllen. Gefüllte Äpfel in feuerfeste Form, bei 160 Grad 30–40 Min. backen. Wenn die Schale aufplatzt, ist der Bratapfel fertig.

FAZIT: ACHTUNG, GEHEIMTIPP! HIER KANN MAN HIMMLISCH ENTSPANNEN – INMITTEN VERFÜHRERISCHER APFELBÄUME.

Hin & weg: Mit Bus 7395 vom Bahnhof Überlingen oder Friedrichshafen bis Immenstaad, dann mit dem Ortsbus bis Immenstaad-Kippenhausen. Der Apfelrundweg startet am Parkplatz beim Friedhof.

Beste Zeit: Ende September und Oktober, wenn die Äpfel reif sind.

Dauer & Strecke: 2 Std., 8 km auf dem Apfelrundweg.

Ausrüstung: Kleingeld für die Obststände im Ort.

Wenn es Nacht wird: Am besten mietet man eine Ferienwohnung auf einem Obsthof an, besonders nett ist die im Haus am Apfelweg (www.immenstaad-bodensee-haus-am-apfelweg.de).

TIERISCH GUTES LANDLEBEN

Viele Tiere, ganz viel Natur: Auf dem Hofgut Schleinsee kann jeder abschalten. Der Bauernhof liegt versteckt im Hinterland des Bodensees. Tagsüber entdeckt man das Landleben und entspannt sich am kleinen See. Nachts schläft man tief und fest in der alten Villa – bis der Hahn kräht.

#RausaufsLand #MuuuhhhundMääääh hh #Landlust

Wer Tiere mag, ist auf dem Hofgut Schleinsee genau richtig. Hier trifft man die Vierbeiner draußen auf der Weide. Ein tierisches Vergnügen!

Vom Bänkle oben auf der Halde hat man den allerschönsten Blick. Auf den Schleinsee, den Bodensee. Und natürlich das Hofgut. Da sitzt man dann ganz allein mitten im Grünen, lässt den Blick schweifen und staunt: Das soll ein Bauernhof sein? Ja, und was für einer! Das Hofgut Schleinsee liegt idyllisch am eigenen kleinen See im Hinterland bei Kressbronn. Mittendrin steht kein typisches Bauernhaus, sondern eine große Villa im Stil eines Stadthauses. Anton Gührer baute sie vor mehr als hundert Jahren mitten auf das Gelände seines Bauernhofs. So etwas gibt es sonst nirgendwo am Bodensee.

Heute lebt hier immer noch Familie Gührer – mit Bauernhofgästen. Ein Wochenende lang ist man Teil der Familie und wohnt unter einem Dach. Die Holztreppe knarrt beim Hochsteigen. An den Wänden hängen Familienfotos. Die Zimmer sind gemütlich, und vom Fenster aus blickt man zu den 76 Kühen samt Kälbchen im Stall. Wer möchte, darf sie jederzeit besuchen. Und auch schon mal mit anpacken, zum Beispiel beim Füttern.

Die Ziegen und Schafe holen sich ihr Fressen selbst. Sie sind den ganzen Tag draußen auf der Weide. Sobald man zum Zaun spaziert, trottet die Herde schon heran. Zur Begrüßung gibt's ein lautes »Määääh!«. Auch die Esel Emil, Käthe, Tess und das Fohlen August freuen sich über Besuch. Sie grasen ganz in Ruhe auf der Wiese hinter der großen Scheune. Ihre Nachbarn: die Haflinger Niko und Nepomuk und die Ponys Fridolin und Leon. Natürlich gibt's hier auch alles eine Nummer kleiner: Katzen, Hühner, Hasen, Meerschweinchen. Nicht zu vergessen Hofhund Timmy. Und der Hahn.

Das soll ein Bauernhof sein? Ja, und was für einer! Mit eigenem See und einer Villa, wie es sie sonst nur in den Städten rund um den Bodensee gibt.

Der übernimmt am nächsten Morgen den Weckdienst. Im Stall wird schon gearbeitet. Gäste gehen aber erst mal zum Bauernfrühstück ins Hofcafé. Die Eier – von den Hofhühnern. Der Honig – von den eigenen Bienen. Käse, Butter, Milch – von den Kühen. Brot und Müsli – zubereitet von Bäuerin Maria.

Danach wird es Zeit für den Morgenspaziergang um den Schleinsee. Eine Stunde ganz allein. Mehr Luxus geht nicht. Oder doch? Denn das Landleben hat noch so viel zu bieten. Am Badesteg sitzen. Mit dem Ruderboot rausfahren. Ein Buch im Obstgarten lesen. Kaffee und selbst gemachten Kuchen genießen. Mit Bauer Karl Kutsche fahren. Stockbrot am Lagerfeuer machen. Und, ganz wichtig: mit den Hühnern zu Bett gehen ...

FAZIT: DAS IST WAS FÜR GESTRESSTE STADTMENSCHEN – UND FÜR ALLE, DIE TIERE, NATUR UND RUHE LIEBEN.

Hin & weg: Am einfachsten mit dem Auto zum Hofgut Schleinsee, Schleinsee 3, 88079 Kressbronn.

Beste Zeit: Geht immer, besonders ruhig im Herbst und Winter.

Dauer: Mindestens ein ganzes Wochenende lang.

Ausrüstung: Gummistiefel für Stall und Wiesen.

Wenn es dunkel wird: Gemütlich in den Gästezimmern der historischen Villa mitten auf dem Hofgut. Wer mehr Platz braucht: Im ehemaligen Gesindehaus gibt's verschiedene Ferienwohnungen (www.schleinsee.de).

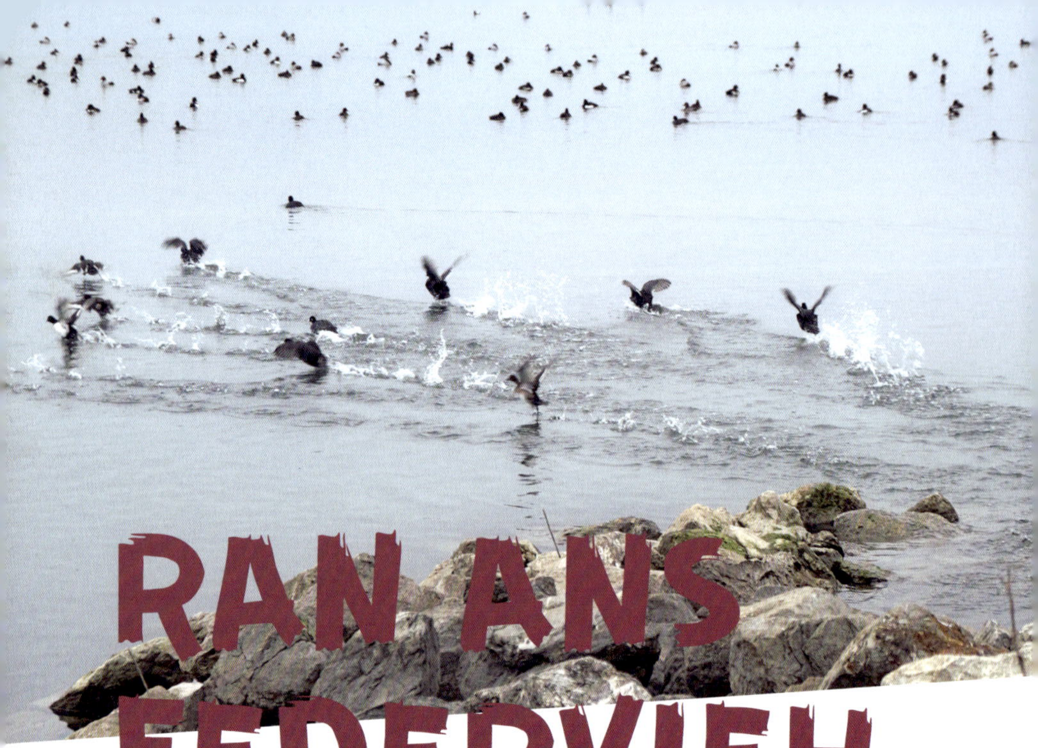

RAN ANS FEDERVIEH

… beim Birdwatching im Rheindelta

#51

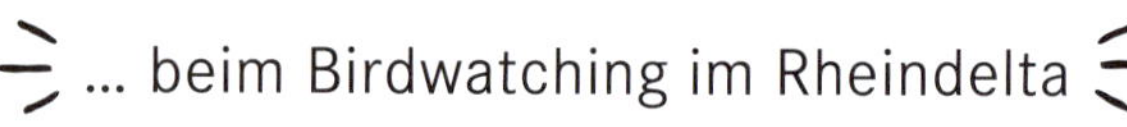

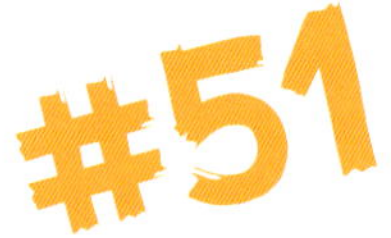

Im Dezember ist im Rheindelta Hochsaison. Zumindest für die »Birdies«, so nennen sich Vogelbeobachter. Die haben jetzt leichte Beute: In der kalten Jahreszeit ist das größte Süßwasserdelta Europas ein Paradies für Tausende Zug- und Rastvögel.

#abindieLagune #Federnlesen #GoBirding

Psssst! Immer schön leise durch die Lagune wandern. Denn wer sich zu laut bewegt, schreckt die Vögel auf.

Dezembertage im Rheindelta sind meist ziemlich grau. Doch wer Vögel beobachten will, zieht einfach los – dick eingepackt und mit Fernglas bewaffnet. Echte Birdies erkennt man am Spektiv über der Schulter, diesem riesengroßen Fernrohr mit Stativ. Damit stehen sie dann manchmal stundenlang an einer Stelle rum. Birdwatching ist nichts für Ungeduldige. Ruhe und Ausdauer helfen weiter – und grüne Tarnkleidung. Und, klar, der richtige Beobachtungsplatz.

Wer zum ersten Mal auf Vogeljagd ist, startet am besten beim Rheindeltahaus und zieht zu Fuß über den linken Rheindamm. Sobald der einen großen Knick macht, zweigt der Weg links ab in die Lagune. Jetzt wird es spannend. Nach ein paar Metern im Wald sieht man über dem Schilf schon schwarze Punkte. Hunderte. Tausende. Der Puls geht nach oben: Vögel! Nur was für welche?

Dafür muss man aber erst mal ran an das Federvieh. Jetzt bloß nicht hektisch werden. So langsam wie möglich und so leise wie möglich Richtung Ufer. Die Vögel sehen alles, deshalb Tarnfarbe. Und sie hören alles, deshalb leise. Gesehen oder gehört werden, beides ist nicht gut: Ratzfatz schwimmen die Tiere weg oder flattern in die Luft.

Der frühe Vogel fängt den Wurm – und bleibt am besten bis Sonnenuntergang. Der ist rund ums Rheindelta nämlich spektakulär. Wichtigstes Utensil für echte Birdies: ein Fernglas.

Beim Birding zählt nur nah rankommen – und Federn lesen. Schließlich will man ja erzählen, was einem so alles vor die Linse gekommen ist. Gut, Stockenten sind einfach. Schwäne auch. Oder sind das etwa Singschwäne? Schnell das Fernglas raus, vor die Pupillen, im Bestimmungsbuch blättern oder die Vogel-App befragen. Wow, ja! Gelber Schnabel: Singschwan. Und die Enten mit dem roten Kopf? Tafelenten. Läuft!

Dieses Draußensein ist etwas Besonderes. Sich Zeit nehmen, die Natur beobachten. Ziemlich schnell wird man richtig angefixt.

Treffpunkt für Birdies aus aller Welt ist das Hotel am See in Hard. Dort gibt's Bird-Packages: Wer übernachtet, bekommt Fahrrad und Fernglas dazu. So radelt man schon gleich morgens zu den besten Spots im Rheindelta: dem Restaurant Glashaus am Rohrspitzgrund, dem Beobachtungssteg in der Fußacher Bucht und der Mündung der Bregenzerach. Der frühe Vogel fängt den Wurm.

FAZIT: BIRDWATCHING IST WAS FÜR DRAUßENFANS – UND DAS RHEINDELTA EIN ECHTER HOTSPOT.

Hin & weg: Mit Bus oder Auto nach Hard bei Bregenz. Zu Fuß oder mit dem Rad zu den Beobachtungspunkten, vom Wanderparkplatz beim Rheindeltahaus aus führt ein Rundweg durch die Lagune.

Beste Zeit: Wer im Winter kommt, findet hier nicht nur viele Vögel, sondern absolute Ruhe.

Dauer & Strecke: Lagunenrundweg 1,5 Std., 5 km reine Gehzeit. Wer auf Vogeljagd ist, bleibt so lange, bis alle Vögel gezählt sind.

Ausrüstung: Geduld! Und ein Fernglas. Profis tragen nicht nur grüne Kleidung, sondern auch ein großes Fernrohr samt Stativ mit sich rum.

Wenn es Nacht wird: Im Hotel am See in Hard einchecken. Dort gibt's Angebote für Vogelfans und eine »Birds-Club«-App, die Beobachtungsorte und Vogelarten zeigt (www.hotelamsee.biz).

KLEINE WINTER-AUSZEIT

… in Hagnau

Man muss es ja nicht gleich wie die Igel machen und den ganzen Winter verschlafen. Aber warum sich nicht mal ein Wochenende lang einigeln? Der Bodensee liegt zwar auch im Winterschlaf, aber in Hagnau findet sich ein schönes Zimmer. Dazu viel frische Luft und einsame Strände. Und danach wieder einigeln.

#Akkuladen #SchneeundEis #Winterwellness

Einsames Winterglück: Der Bodensee hat auch an grauen Tagen seinen Reiz. Und vor allem gibt es nie so viel Platz und Ruhe wie zu dieser Jahreszeit.

Hagnau liegt im Winterschlaf. Wo sich im Sommer Feriengäste drängeln, ist niemand zu sehen. Alles leer. Verlassen. Kein Wunder: Der Nebel liegt dicht über dem Winzerdorf. Feuchte Kälte legt sich sofort um einen. Ganz schön fies. Schnell rein ins Warme!

Wie gut, dass es den Löwen gibt. Das historische Gasthaus liegt mitten im Ort – und es hat das ganze Jahr über geöffnet. Wäre auch zu schade, denn die bezaubernd schönen Suiten sind wunderbar, um sich an einem Winterwochenende zurückzuziehen. Wer die Türe öffnet und eintritt, verliebt sich sofort: historisches Parkett, prächtiger Stuck an den Decken, ein großes Bett und moderne Holzmöbel. Zauberhaft.

Vom Fenster aus blickt man in den Ort und Richtung Bodensee. Immer noch alles grau draußen. Macht aber gar nichts! Einfach im Erker sitzen, sich einmummeln mit einem Tee und einem Buch und die kalte Welt um sich herum vergessen. Am liebsten möchte man gar nicht mehr raus in die Kälte. Zwei-, dreimal am Tag muss das aber sein. Und danach

Raus ans Wasser und auf die Wintersonne hoffen. Mit etwas Glück wird dann aus dem Grau ein strahlendes Winterblau.

geht es wieder rein in die Höhle. Warm–kalt. Warm–kalt. Wie eine Wechseldusche. Da kommt der Körper auch ohne Sonnenlicht ordentlich in Schwung!

Also einpacken und runter zum Schiffsanleger spazieren. Am Seegfrörne-Denkmal blickt man über den weiten See. Noch ist kein Eis zu sehen. 1963 fror der Bodensee vollständig

Eiszeit, zumindest am Seegfrörne-Denkmal. Wem das alles zu kalt ist, der igelt sich einfach wieder im Gasthaus Löwen ein.

zu. Hagnauer waren die Ersten, so erzählen es die Einheimischen, die über die dicke Eisschicht den See überquerten, bis rüber in die Schweiz. Von der Schweiz sieht man im Winter meist nicht viel, die Sicht ist trüb. Dafür ist man ganz allein auf dem langen Steg. Tief durchatmen, frische Luft tanken – und Kraft für die dunkle Jahreszeit.

Sobald die Hände kalt werden, zurück in die Löwen-Höhle. Und erst mal wieder einigeln. Im Winter sind ja alle dauermüde. Das liegt am fehlenden Licht, die Hormone sind im Schlafmodus. Wie gut, dass man sich dieses Wochenende nicht aus dem Bett quälen muss. Einfach liegen bleiben … Nur das Frühstück, das darf man nicht verpassen. Die frisch gebackenen Brötchen aus der Bäckerei im Haus sind zu lecker.

Wenn man dann schon mal raus ist aus den Federn, gleich eine Runde frische Luft tanken. Durch die Weinberge ziehen. Und unten am Strand über die Kieselsteine stapfen. Ganz allein. Was für ein Winterspaziergang!

Langsam kämpft sich die Sonne durch den Nebel. Als sie kurz rauskommt, ist plötzlich alles anders. In Wintereuphorie schmiedet man große Pläne: Ein Ausflug hoch zum Pfänder wäre doch was. Oder bis nach Meersburg wandern, die Burg besichtigen und danach in die Sauna. Ins Zeppelin Museum nach Friedrichshafen fahren. Rauf nach Heiligenberg. Dann schiebt sich die nächste Wolkendecke wieder vor. Die Pläne? Vergessen! Erst mal zurück in den Löwen und einigeln …

FAZIT: RUHE, WEITE, EINSAMKEIT! IN HAGNAU KANN MAN SICH EIN WINTERWOCHENENDE LANG EINFACH MAL ZURÜCKZIEHEN.

Hin & weg: Mit dem Zug bis Markdorf oder Unteruhldingen, weiter mit dem Bus bis Hagnau.

Beste Zeit: Wenn Hagnau im Winterschlaf liegt.

Dauer: Ein ganzes Wochenende lang.

Ausrüstung: Handy zu Hause lassen und lieber ein Buch mitnehmen.

Wenn es dunkel wird: Das historische Gasthaus Löwen mitten im Ort macht diese Auszeit perfekt. Die Suiten sind einfach ein Traum. Und morgens riecht es nach frischen Brötchen aus der Hausbäckerei (www.loewen-hagnau.de).

SONST NOCH WICHTIG

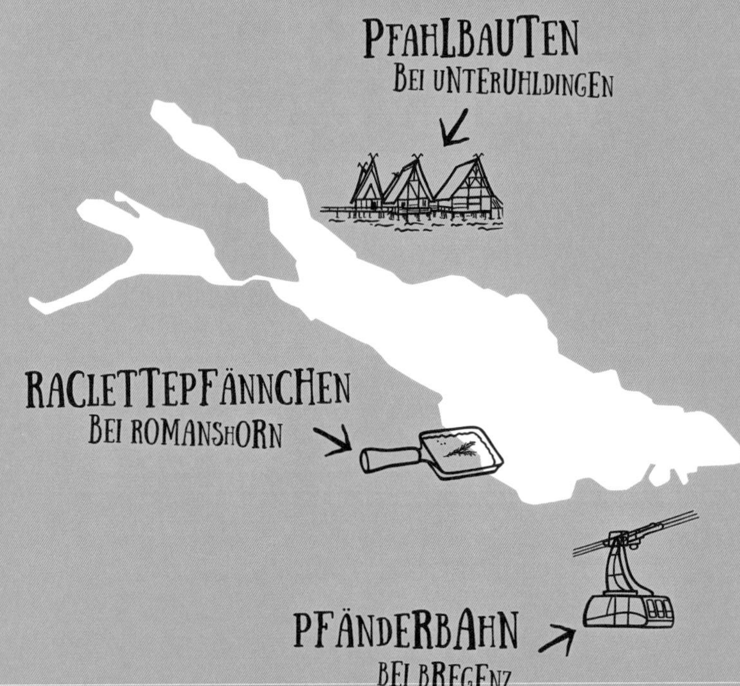

Ein- und Überblick

Karten für den schnellen Überblick, praktische Tipps, mehr über die Autorin sowie ein Ortsregister zum schnellen Nachschlagen gibt es auf den folgenden Seiten.

GPX-Download aufs Smartphone – so geht's

Voraussetzung:

Eine Outdoor-App muss installiert sein, z. B. KOMPASS, Outdooractive oder komoot. Zum Einlesen des QR-Codes benötigen Android-Geräte eine QR-Code-App. Bei iOS-Geräten ist diese Funktion in der Kamera integriert.

Daten downloaden:

1. Den QR-Code einlesen oder die Webadresse im Browser eingeben, um auf die Eskapaden-Website zu gelangen.
2. Die gewünschte Tour zum Download anklicken.
3. Bei iOS-Geräten werden die GPX-Daten direkt mit der vorab installierten App verknüpft. Bei Android-Geräten muss ggf. noch ein Weiterleiten-Button geklickt werden (z. B. oben rechts im Display). Manche Apps zeigen den Tourverlauf starr an, andere verfügen über eine Navigationsfunktion.

Tourenverlauf

GPX-Daten zum kostenlosen Download www.dumontreise.de/eskapaden/bodensee

short.travel/wxqmt

Auf den folgenden Seiten: Die Eskapaden rund um den Bodensee in drei Übersichtskarten. Die Ziffern stehen für die Eskapaden-Nummern.

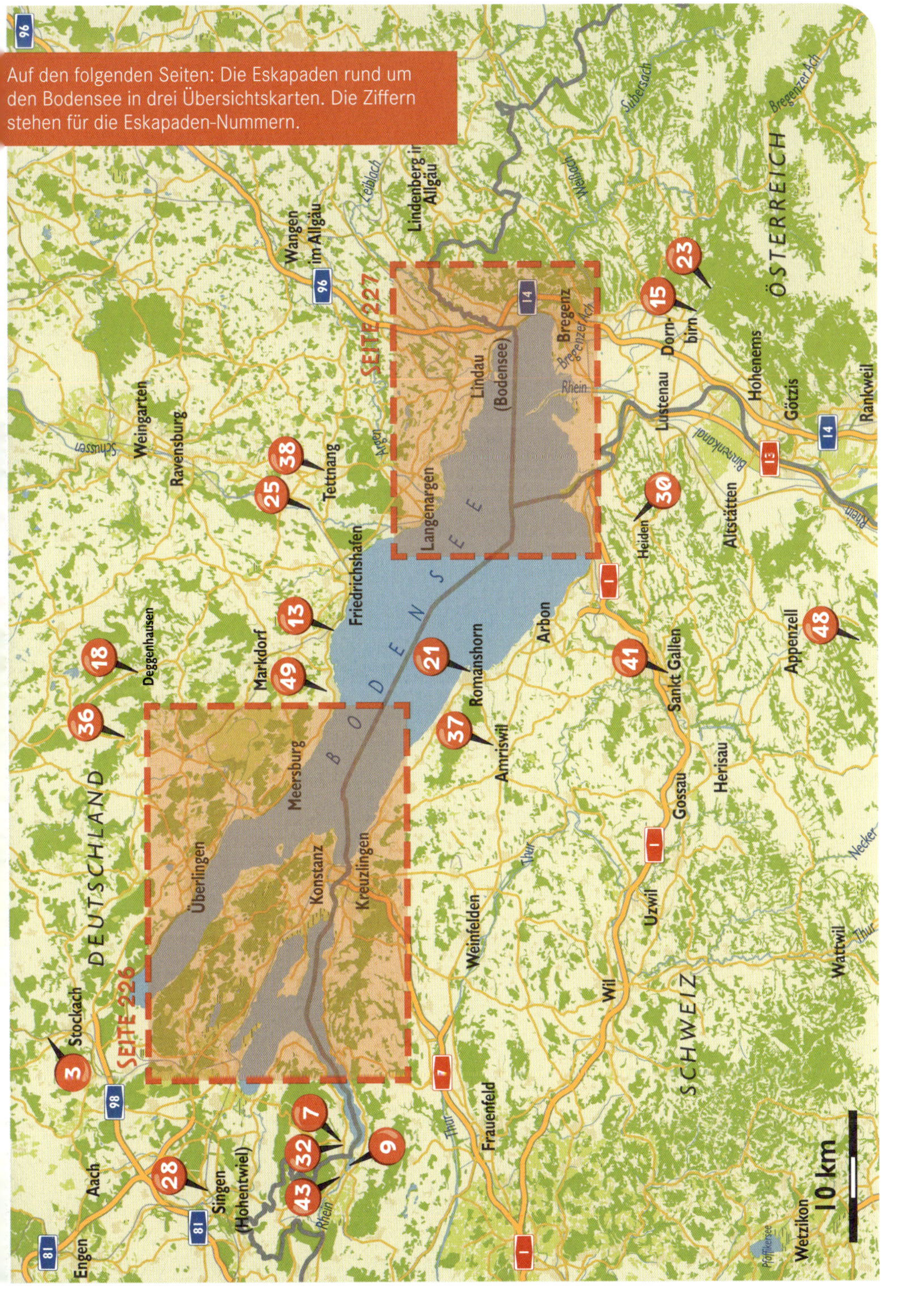

Bodman
Sipplingen
DEUTSCHLAND
Überlinger See
Überlingen
Salem (Baden)
Aubach
Nußbach
Mindelsee
Markelfingen
Radolfzell
Radolfzeller Aach
Dettingen
Dingelsdorf
Unteruhldingen
Seefelder Aach
Zeller See
Allensbach
Gnadensee
Reichenau
Meersburg
Gaienhofen
Rheinsee
Arenenberg
Ermatingen
Konstanz
Hagnau am Bodensee
BODENSEE
Tägerwilen
SCHWEIZ
Kreuzlingen
Wäldi
3 km
Altnau

Oberdorf
Bierkeller-Waldeck
Berg
Esseratsweiler
Dentenweiler
Hergensweiler
Niederstaufen
Langenargen
Gohren
Kressbronn am Bodensee
Höhenreute
Unterreitnau
Sigmarszell
Rothkreuz
Niederhaus
Nonnenhorn
Schönau
Hoyren
DEUTSCHLAND
BODENSEE
Lindau (Bodensee)
Zech
Eichenberg
Lochau
ÖSTERREICH
SCHWEIZ
Bregenz
Fluh
Hard
Altenrhein
Staad
Fußach
Lauterach
Argen
Aach
Wolfsbach
Leiblach
Schleinsee
Degersee
Muttelsee
Rhein
Alter Rhein
Schwarzach
Bregenzer Ach
2 km

NOCH MEHR ESKAPADEN ...

ISBN 978-3-616-02820-0

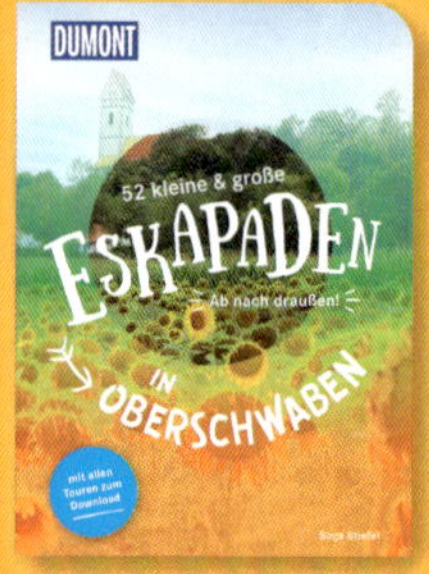

ISBN 978-3-616-02800-2

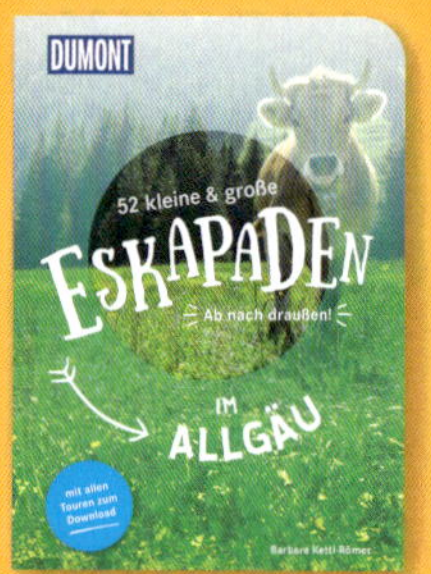

ISBN 978-3-616-11006-6

... erhalten Sie im gut sortierten Buchhandel und unter www.dumontreise.de 

IMPRESSUM

Reihenkonzept Monique Sorban

Projektmanagement Svenja Heinle, Tamara Siedler

Cover-/Buchgestaltung & Illustrationen Carolin Weidemann, Köln, www.weidemann-design.com

Layout & Satz Sieveking • Agentur für Kommunikation, München

Lektorat Manuela Hunfeld, Stuttgart

Texte & Fotos Yvonne Weik, Stuttgart; mit folgenden Ausnahmen: mauritius images/Udo Siebig (Titelseite); Philip Kottlorz (S. 5); Georg Bruder (S. 11–13, 22, 30, 38, 40, 50, 52, 81–85, 132, 136, 182, 190, 194, 203)

Kartografie © KOMPASS, Innsbruck, unter Verwendung von Kartendaten von OpenStreetMap-Mitwirkende, Lizenz CC-BY-SA 2.0

Printed in Poland

3. Auflage 2024

ISBN 978-3-616-02823-1
www.dumontreise.de

GUT ZU WISSEN …

Weiterlesen

Ab nach draußen! Wer noch mehr Inspiration sucht, findet beim »St. Galler Tagblatt« viele wundervolle Wanderungen, und zwar alle auf der Schweizer Seite des Bodensees: www.tagblatt.ch/leben/wandertipps

Geschmackssachen

Der Bodensee ist eine Region für Genießer: Wer am Pfänder wandert, muss unbedingt in den Alma-Sennereien einkaufen (#35). Legendäre Käsespätzle – und zwar eine ganze Schüssel voll – gibt's im Hopfengut No. 2 in Tettnang (#38). Und der beste Sundowner? Definitiv in der Sandseele auf der Reichenau (#11)!

Ohne Auto

Rund um den Bodensee klappt die Anreise oft umweltfreundlich mit Bus und Bahn (www.bahn.de). Und auf dem See geht's natürlich am schönsten mit den Bodenseeschiffen vorwärts (www.bsb.de), im Hinterland mit den Bergbahnen. Und Konstanz punktet eindeutig mit den Lastenrädern (www.konrad-konstanz.de).

Sicherheit & Notfälle

Wer Hilfe braucht, wählt die internationale Notrufnummer 112. Dort werden zentral Rettungskräfte alarmiert, bei Bedarf auch die Bergwacht.

Vor Ort im Netz

Reisegeschichten aus allen drei Bodenseeländern gibt's auf www.bodensee.eu, Outdoortipps mit tollen Fotos aus der Region Bodensee-Vorarlberg stehen auf www.vorarlberg.travel

ESKAPADEN-REGISTER ...

Alle Orte mit Seitenverweisen

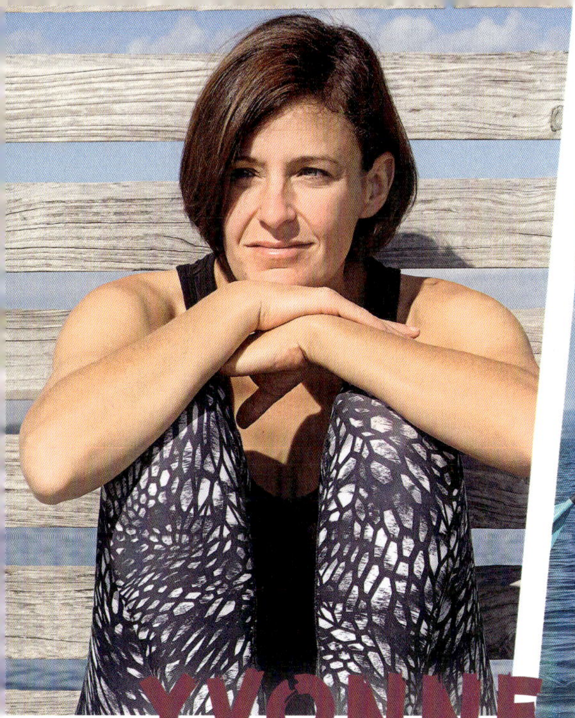

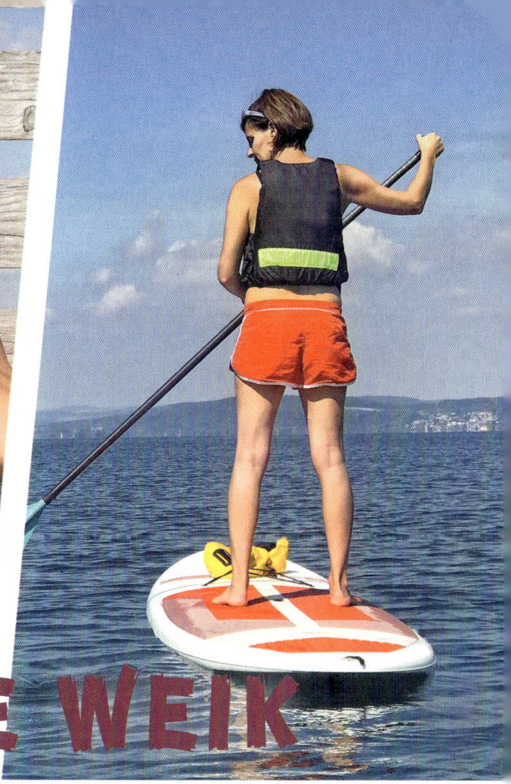

YVONNE WEIK

… über die Autorin

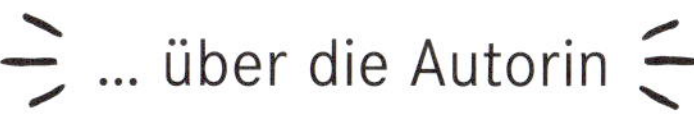

Auch wenn Yvonne leidenschaftlich gerne mit ihrer Familie mitten im Stuttgarter Westen lebt, zieht es sie immer wieder hinaus. Raus aus der Stadt und rein ins Abenteuer. Denn das wartet zum Glück nicht nur am anderen Ende der Welt …

Ob nach Feierabend oder am Wochenende: Die vom Fernweh geplagte Journalistin entdeckt am liebsten fremde Orte. Und spürt dabei nur zu gerne die Sonne im Gesicht und den Wind in den Haaren. Geboren in Freiburg, hat sie nun die Ferienregion ihrer Kindheitstage wiederentdeckt: den Bodensee. Von ihren Abenteuern erzählt sie auch auf www.frolleinweik.de

Kaiserliche Aussicht

Eskapade #4: Türme gibt's am Bodensee viele, aber der Napoleonturm in Wäldi hat nicht nur eine Wahnsinnsaussicht, sondern auch eine beeindruckende Architektur.

Teufelstour

Eskapade #8: Diese Eskapade ist eigentlich viel zu schön, um sie zu verraten: Wer mit dem SUP über den See bis zum Teufelstisch paddelt, kommt garantiert immer wieder.

5 BESONDERE EMPFEHLUNGEN ...

Chillen in Afrika

Eskapade #29: Cooler Tipp für heiße Sommertage: Die Mili im Bregenz ist die älteste Badeanstalt am Bodensee. In Afrika oder auf dem Sonnendeck kann man herrlich einen Tag verbringen – oder den ganzen Sommer.

Einsames Gipfelglück

Eskapade #48: Grüne Wiesen, Kuhglocken und Berggipfel – im Appenzeller Land fühlt man sich fast wie Heidi. Das einsame Gipfelglück wird perfekt, wenn man über Nacht bleibt. Schöner funkeln die Sterne wohl nirgendwo sonst über dem Bodensee.

Sich treiben lassen

Eskapade #43: Ab ins Gummiboot – und dann von Stein am Rhein immer den Rhein hinab. Die Strömung ist hier so stark, dass man fast nicht paddeln muss. Sonne, türkisblaues Wasser, Strandbuchten, hier fühlt man sich beinahe wie in der Südsee. Diese Tour gehört einfach zum Sommer am See.